BTS

Culture générale et expression

Thème 2025

À table !
Formes et enjeux du repas

Christel Pommier-Morand

Nathan

Crédits photos :

37 MAXPPP/©PHOTOPQR/LE PROGRES/AUGROS PIERRE / SAINT ETIENNE / LE 05/06/09 ; 71 BIS/Ph.Coll. Archives Nathan ; 84 AURIMAGES/Walter Larrimore ; 107 AURIMAGES/Content_DFY ; 108 OPALE/©Luisa Ricciarini

---

Secrétariat d'édition : Diane Cantan
Maquette intérieure : Lucas Cholewa
Fabrication : Emmanuelle Perrier
Mise en pages : Nadine Aymard
Conception couverture : Jean-Marc Denglos

ISBN : 978 -2-09-503896-0
Code éditeur : 374967

AVANT-PROPOS

Ce cahier, clair et concis, met à la portée de tous les profils d'étudiants **le thème 2025, *À table ! Le repas : formes et enjeux***.

À utiliser seul ou en complément de tout manuel, il permet de traiter le nouveau thème et de préparer les étudiants à l'épreuve.

Il est construit comme un itinéraire qui propose des étapes de réflexion au travers des huit problématiques abordées qui se répondent entre elles.

L'étudiant est amené à faire des liens d'un cours à l'autre et au travers des corpus qui convoquent des écrivains, des chroniqueurs, des artistes, pour construire une réflexion personnelle. Il va ainsi forger ses opinions, affiner son analyse, compléter sa culture générale et être en capacité d'enrichir sa production écrite lors de l'examen

Les étudiants pourront s'approprier la démarche **en prenant des notes dans ce cahier** et en vérifiant leurs réponses à la fin de l'ouvrage.

Chaque chapitre propose, à la fois :
1) d'explorer **une problématique** liée au thème.
2) de **travailler une étape de chacune des parties de l'examen** (questions sur le corpus et essai)

Chacun de ces huit chapitres s'organise autour des **rubriques** suivantes :

• **Construire ses connaissances** qui se présente comme **un cours** et développe des pistes et des références en lien avec un aspect du thème ;

• **Zooms**, des propositions de films pour traiter ou compléter le thème ;

• **Enrichir sa culture générale** : des sites à consulter et à explorer en répondant à des questions afin d'enrichir les références utiles pour la rédaction de l'essai ;

• **Enrichir son lexique :** des activités variées, centrées autour du champ lexical du thème dans le but d'améliorer l'expression écrite ;

• **S'entraîner à l'examen**, propose de la méthodologie sur la première partie ou la deuxième partie de l'épreuve et un entraînement à partir de sujets types d'examen. Les corpus de documents sont questionnés pour aboutir à un travail préparatoire à la réponse rédigée ou à la rédaction de l'essai.

• **Un test interactif en ligne** pour mémoriser les connaissances.

• **Un sujet blanc** avec son corrigé à télécharger est accessible à la fin de l'ouvrage

Ce cahier est enrichi de nombreuses ressources numériques accessible directement avec un smartphone (sites à explorer, quiz en ligne, corrigés à consulter).

SOMMAIRE

À table ! Formes et enjeux du repas

Recettes en ligne, applications, télé-réalité, la cuisine est devenue tendance ces dernières années, le fait-maison regagnant un peu de terrain sur la nourriture industrielle. Mais au-delà de la cuisine, **c'est le repas en tant qu'institution qui peut être interrogé**. Phénomène sociologique et anthropologique, les modalités du repas ont évolué, dans quasiment tous les pays. Ainsi, la banalisation de pratiques alimentaires individuelles a-t-elle profondément modifié les formes du repas. Le développement du travail des femmes, hors de la sphère domestique, la décohabitation des générations, l'urbanisation ont également contribué à ces changements majeurs. Parallèlement à ces bouleversements sociologiques, la « société de consommation » en incitant à une consommation toujours plus forte – qu'il s'agisse de consommation de produits alimentaires, de conseils nutritionnels (pour atteindre un idéal de minceur, par exemple) – a accentué encore ces bouleversements.

Pourtant, et on peut se demander pourquoi, le repas reste, notamment en France, un moment essentiel tant dans nos journées que dans nos vies. L'invitation, toujours en vigueur, à passer à table avec l'expression « À table ! », atteste de l'importance de cette tradition.
Au-delà du simple fait de s'alimenter, **le repas est l'héritage d'une culture**. La cuisine est un élément fondamental de la vie de tous les peuples. Elle s'inscrit profondément dans leurs habitudes, leurs traditions et leur expérience sensorielle. Dès notre plus jeune âge, nous sommes imprégnés des saveurs, des odeurs et des rituels culinaires propres à notre culture. La cuisine est également ce qui se transmet et le repas, moment où sont mis en valeur les plats issus de recettes familiales, régionales, devient **un espace de célébration partagé**, **qui nous réunit**. Mais par ses enjeux économiques, la **diversité des codes** qu'il induit, il peut également mettre au jour les fractures sociales. En effet, en raison des inégalités d'accès à une alimentation de qualité, des personnes, des familles ont plus de difficultés à se procurer des aliments sains et équilibrés, creusant ainsi les écarts sociaux avec d'autres qui ont accès à une alimentation abondante, saine et équilibrée.

S'il est parfois solitaire, **le repas est le plus souvent collectif**. Mais on ne mange pas n'importe quoi n'importe comment, n'importe où et avec n'importe qui. Par ailleurs le repas répond à des **rituels spécifiques**. Le manque de familiarité avec des rituels ou codes du repas, véritables **marqueurs sociaux**, peuvent représenter une gêne à l'intégration dans un groupe social. C'est le cas dans *Titanic*, film de James Cameron où Jack, personnage de milieu modeste, incarné par Leonardo di Caprio, est invité à dîner en 1re classe et qui, au début du repas, est

impressionné par le faste déployé. Dans *Indiana Jones et le temple maudit*, film de Steven Spielberg, c'est avec humour que le décalage culturel est traité puisque le personnage principal doit participer à un banquet où lui sont servis des plats improbables comme du serpent vivant et de la soupe aux yeux.
Beaucoup de choses se jouent au cours du repas. **Il est le lieu de la mise en scène** par excellence, notamment dans **les repas de famille** et les **repas d'affaires**.

Enfin, **qu'advient-il du repas aujourd'hui ?** Entre **malbouffe**, **exposition médiatique** et **mondialisation**, ne risque-t-on pas, d'une part de perdre une part de notre patrimoine culturel et, d'autre part, d'aller vers une uniformisation des repas ?

Se nourrir ou prendre un repas, ne se réduit pas à ingurgiter des aliments comme le montre une scène au début du film de Charlie Chaplin *Les temps modernes* (1936).

Le repas forme **un système de pratiques**, de **valeurs** et de **représentations sociales**. C'est un temps et un espace où s'ancrent les **spécificités culturelles** où **se renforcent les liens** entre les individus. Les rituels sont ainsi des porteurs privilégiés de la mémoire familiale. L'ensemble des éléments matériels (aliments, recettes, vaisselle, etc.) ou immatériels (manières de table, rituels, valeurs, etc.) des cultures alimentaires forment un patrimoine qui relève d'un **héritage partagé** qui se transmet, perpétuant une partie de l'identité familiale et collective.

Dans nos sociétés, notamment dans les grandes villes, « on mange comme on travaille : à la chaîne », on mange rapidement, sur le pouce, devant les écrans. Mais ces dernières années le repas revêt de **nouvelles formes** et se retrouve face à de nouveaux enjeux. Ainsi la production locale, l'agriculture biologique et le respect de l'environnement deviennent des critères importants, les enjeux de santé publique encadrent la communication autour de l'alimentation, avec des réglementations sur l'étiquetage nutritionnel, la promotion d'une alimentation saine. Des cuisiniers et des cuisinières professionnels, des particuliers sensibles à ces nouveaux enjeux inventent et créent de nouvelles façons de cuisiner contribuant ainsi à faire évoluer les formes et les enjeux du repas.

TEXTES CITÉS DANS L'OUVRAGE

Page 12 : Émile Zola, *L'Assommoir* (1877)

Page 20 : Lola Talik, *Géo,* 12 septembre 2022.

Page 21 : Guy de Maupassant,*Bel-Ami*

Page 24 : www.insee.fr, paru le 12 octobre 2012.

Page 36 : Denis Fleurdorge, « Manger dans la rue. Approche anthropologique d'une pratique sociale impossible », dans *Sciences & Actions Sociales*, 2021

Page 37 : *France Inter*, 23 juillet 2017, une chronique en partenariat avec *Psychologies Magazine.*

Page 43 : Paul Ariès, *Une histoire politique de l'alimentation* (2016)

Page 50 : Guy de Maupassant, *Aux champs* (1882)

Page 51 : Marguerite Duras, *Moderato Cantabile* (1958)

Page 52 : Georges Perec, *Les Choses* (1965)

Page 53 : Pierre Bourdieu, *La Distinction* (1979)

Page 67 : Annie Ernaux, *La Femme gelée* (1981)

Page 69 : *Télérama*, 5 septembre 2017

Page 74 : *L'Éducation sentimentale* (1869), roman de Flaubert

Page 75 : Émile Zola, *L'Assommoir* (1877), Zola

Page 82 : La Bruyère, « Gnathon », *Les Caractères* (1696)

Page 85 : Fanny Guyomard, « Savoir-vivre : l'art de maîtriser les codes », *Les Échos*, 25 septembre 2020.

Page 91 : Catherine Quignon, « Derrière notre rapport à la cuisine, se joue la façon dont on utilise sa force de travail », *Le Monde*, 2 octobre 2022.

Page 92 : Mathilde Gérard, « La Banque mondiale appelle à "réorienter drastiquement" le système agroalimentaire mondial », *Le Monde* 7 mai 2024.

Page 99 : Denis Fleurdorge, « Manger dans la rue. Approche anthropologique d'une pratique sociale impossible »

Page 101 : *Le Monde*, 22 novembre 2022.

Page 102 : Maylis de Kerangal, *Un chemin de tables* (2019),

Page 105 : Anne Dupuy et Jean-Pierre Poulain, *Le Plaisir de manger,* books.openedition.org/editionscnrs/

Page 121 : François Rabelais, *Gargantua* (1534)

Page 122 : Marcel Proust, « Du côté de chez Swann », *La Recherche du temps perdu* (1913)

Page 123 : Maylis de Kerangal, *Un chemin de tables* (2019)

Page 138 :Maryse Condé, Victoire, *Les Saveurs et les mots* (2006)

Page 140 : Olivier Roellinger, *Pour une révolution délicieuse* (2019)

Page 141 :Tribune publiée dans le journal *Libération* le 28/11/2020

Page 106 : François Rabelais, *Pantagruel* (1534)

Page 107 : Muriel Barbery, *Une gourmandise,* Gallimard, 2000.

Page 110 : Émile Zola, *La Curée*, 1872.

Page 112 : Marcel Proust, *La Recherche du temps perdu*, « Du côté de chez Swann », 1913.

Page 128 : Stéphane Davet, « La cuisine plongée dans la grande marmite des réseaux sociaux », *Le Monde*, 31 juillet 2022.

CHAPITRE 1

Prendre un repas, c'est d'abord s'alimenter

CONSTRUIRE SES CONNAISSANCES

Ce qu'il faut savoir

Manger est une expérience intime et collective qui révèle notre lien avec le vivant et notre façon d'être au monde. Notre rapport à l'alimentation organise et structure notre existence tant au niveau individuel qu'au niveau du groupe (familial, amical, professionnel…). S'alimenter, manger, se nourrir, cela induit des règles, des limites, des seuils que nous définissons, quitte à les modifier.

1. Une évolution de l'alimentation

Il y a 7 millions d'années, nos ancêtres préhistoriques se nourrissaient de racines, de baies crues et de petits animaux. **L'alimentation humaine a évolué au fil du temps** avec une augmentation de la consommation de viande, en particulier il y a 2 millions d'années, et un tournant majeur avec la maîtrise du feu par *Homo erectus*. Cette évolution a conduit à une socialisation autour de la nourriture, marquée par des rassemblements autour du foyer. L'agriculture et l'élevage se sont développés il y a environ 10 000 ans, au Proche-Orient, introduisant les céréales et le lait dans l'alimentation. *Homo sapiens* s'est sédentarisé pour cultiver ses champs et élever des animaux, favorisant ainsi une transition vers une alimentation basée sur les cultures et l'élevage, au détriment de la consommation de viande, *(→ voir corpus, document 1, p. 19)*.

Au XIXe siècle, émerge une élite sociale composée de différentes classes, notamment la **haute bourgeoisie** et la **nouvelle bourgeoisie industrielle. Leurs habitudes alimentaires reflètent leur statut social**, avec des banquets pour l'étalage de leurs richesses, mais également les sorties au restaurant qui permettent d'afficher leur statut. À ce faste, on peut opposer celles et ceux qui, dans le peuple, ont tout juste de quoi se nourrir. Le repas peut être l'occasion de montrer malgré tout que l'on a les moyens non pas tant de « bien » manger que de « beaucoup » manger *(→ voir corpus, document 2, p. 21)*. Au XXe puis au XXIe siècle, la consommation de viande et de produits laitiers augmente dans les pays développés, et si les repas changent dans les contenus, leur rythme (3 repas par jour), lui, est conservé, au moins en France (corpus, document 3, p. 23).

2. S'alimenter, un droit humain ?

Le XXIe siècle connaît un paradoxe : d'un côté, un rapport de l'ONU publié en 2019 recense 672 millions d'adultes obèses dans le monde et, d'un autre côté, un autre rapport publié par le même organisme en 2019 rapporte que 820 millions de personnes n'ont pas eu assez à manger en 2018. La faim ne recule pas dans le monde, mais l'obésité augmente sans arrêt.

Le Pacte international relatif aux droits économiques, signé en avril 2020 par 170 pays, engage ces derniers à prendre des mesures « au maximum de leurs ressources », pour parvenir à la pleine réalisation du droit à une alimentation adéquate. Mais l'insécurité alimentaire que vivent plus d'un milliard de personnes rend ce droit humain difficile à respecter.

a. La précarité alimentaire en France

La pauvreté entraîne une précarité alimentaire et la table devient l'emblème des inégalités sociales. En France, au XIXe siècle, des personnes des classes populaires meurent de faim et dépendent de la charité. C'est ce que montre Zola dans son roman *L'Assommoir* (1877) où Gervaise, qui a connu la prospérité, perd tout, à la fin du roman, et en est réduite à mendier de la nourriture :

> Le poêle, couvert de poussière de coke, brûlait encore, et un restant de ragoût, que le forgeron avait laissé au chaud, en croyant rentrer, fumait devant le cendrier. Gervaise, dégourdie par la grosse chaleur, se serait mise à quatre pattes pour manger dans le poêlon. C'était plus fort qu'elle, son estomac se déchirait, et elle se baissa, avec un soupir. Mais Goujet avait compris. Il posa le ragoût sur la table, coupa du pain, lui versa à boire. – Merci ! merci ! disait-elle. Oh ! que vous êtes bon ! Merci !
>
> Elle bégayait, elle ne pouvait plus prononcer les mots. Lorsqu'elle empoigna la fourchette, elle tremblait tellement qu'elle la laissa retomber. La faim qui l'étranglait lui donnait un branle sénile de la tête. Elle dut prendre avec les doigts. À la première pomme de terre qu'elle se fourra dans la bouche, elle éclata en sanglots.

La révolution industrielle qui a poussé les populations rurales à rejoindre les villes, les éloigne de la production alimentaire paysanne et entraîne une misère forte dans les faubourgs des villes. Au XXe siècle, des mesures sont prises pour lutter contre cette précarité alimentaire. Ainsi, une loi est adoptée le 11 mars 1932, instaurant un système d'allocations familiales visant à soutenir les familles les plus modestes. Si, après la Seconde Guerre mondiale, la France connaît une forte prospérité, des personnes vivent encore dans la misère.

Au XXIe siècle, la crise du Covid 19 a aggravé la situation, privant d'emplois de nombreuses personnes qui ont dû se tourner vers l'aide alimentaire.

L'inflation alimentaire, qui a dépassé 11 % entre août 2022 et juillet 2023, contraint de plus en plus de Français à **réduire leur nombre de repas** et près d'un Français sur deux se prive de viande ou de fruits et légumes frais pour des raisons financières. Selon un baromètre Ipsos pour le Secours populaire, 32 % des Français ne peuvent pas toujours se procurer une alimentation saine et suffisante pour trois repas par jour, et 15 % déclarent même ne plus pouvoir assurer régulièrement petit-déjeuner, déjeuner et dîner, faute de moyens. La précarité alimentaire continue de progresser, touchant désormais une partie plus large de la population, y compris les classes moyennes inférieures et les étudiants. La majorité des Français recherche systématiquement les petits prix et les promotions, et deux tiers fréquentent les enseignes de *hard discount*. Cette situation reflète les constats récents des acteurs de la grande distribution, qui observent un arbitrage permanent dans les magasins, avec une baisse de la consommation de viande et de produits frais.

La précarité alimentaire touche ainsi un nombre croissant de Français, avec des conséquences sur leur santé et leur lien social. De plus en plus de personnes en France ont recours à l'**aide alimentaire**. En 2023, les besoins ont augmenté. Les *Restaurants du cœur* dénombraient 1,3 million de personnes inscrites à leurs distributions avec une hausse de 20 % par rapport au record de 2022. Les 6 000 associations, centres communaux d'action sociale et épiceries solidaires auxquels les Banques alimentaires fournissent des denrées ont accueilli 2,4 millions de personnes en 2022 et, rien qu'au premier trimestre 2023, la hausse était de 9 %.

b. La précarité alimentaire dans le monde

Dans certains pays, des famines sont provoquées par des guerres, des catastrophes naturelles. Dans les années 1970-1980, les famines étaient surtout provoquées par la sécheresse (en Éthiopie, notamment). Aujourd'hui, si le **climat** est encore à l'origine de famines, ce sont les **conflits** qui en sont, le plus souvent, à l'origine. La famine est définie par l'IPC, cadre de classification de la sécurité alimentaire, comme « un état de privation alimentaire extrême » où « des niveaux d'inanition, de décès, de dénuement et de malnutrition aiguë sont manifestes ou risquent de le devenir ». La classification en état de « famine » représente la phase de sévérité la plus élevée de l'échelle IPC d'insécurité alimentaire aiguë, qui en compte cinq : phase 1 (« minimale »), phase 2 (« stress »), phase 3 (« crise »), phase 4 (« urgence »), et enfin phase 5 (« catastrophe/famine »).

La phase 5 est atteinte lorsqu'un territoire remplit les trois critères suivants :

- Au moins 20 % des foyers sont confrontés à un manque extrême de nourriture.
- Au moins 30 % des enfants souffrent de malnutrition aiguë.

• Au moins deux personnes sur 10 000 ou au moins quatre enfants de moins de cinq ans sur 10 000 meurent chaque jour d'inanition ou en raison d'une interaction malnutrition/maladie.

3. Des troubles liés à l'alimentation

Dans les pays les plus riches, certains troubles de l'alimentation comme l'**anorexie** ou la **boulimie** touchent de plus en plus de jeunes personnes, et notamment des filles. L'anorexie se caractérise par une perte de poids et amène à une extrême maigreur, en raison d'une distorsion de la perception de sa corpulence. Une des explications à l'anorexie est la recherche excessive de conformité à des critères sociaux du corps féminin et particulièrement celui de la minceur. La boulimie, elle, associe des prises alimentaires très importantes, répétées sur des périodes courtes, et des techniques de contrôle du poids par des vomissements ou des privations alimentaires. Ces deux troubles qui expriment un mal-être, et touchent une petite frange de la population, reposent donc sur des pratiques et des préoccupations communes autour du contrôle de son poids. Si l'anorexie et la boulimie sont souvent associées à des problèmes psychologiques comme l'anxiété, la dépression, une faible estime de soi, elles ont des causes très différentes : une perception déformée de son corps, une image de perfection physique, des relations conflictuelles, une sensibilité à la pression sociale…

Depuis la pandémie de Covid 19 et les restrictions qui lui étaient associées, les cas de boulimie et d'anorexie ont bondi de 30 % en France, notamment chez les jeunes adultes. Ces troubles concernent aujourd'hui 600 000 adolescents et jeunes adultes.

Je note les idées du chapitre à retenir

Enrichir sa culture générale

Pour aller plus loin et illustrer votre copie d'exemples précis, explorez les sites accessibles ci-dessous et répondez aux questions.

liennathan.fr/8snskn

1. Comment les hommes et les femmes préhistoriques se nourrissaient-ils ?

Que mangent les premiers hominidés, avant l'apparition du feu ?

liennathan.fr/08ldi9

2. Peut-on se nourrir d'aliments en poudre ?

Pour quelles raisons certains se tournent-ils vers des repas en poudre ?

liennathan.fr/88ocv8

3. Quelles sont les représentations du repas dans les arts ?

a. Observez le 4e tableau (*La Compagnie à table*, XVIIe siècle) de Nicolas Tournier, et donnez les **indices** qui montrent qu'il s'agit d'un **repas organisé par des bourgeois.**

liennathan.fr/uwbz3e

b. En quoi consiste les ***Tableaux-pièges*** de Daniel Spoerri ? Le procédé vous paraît-il efficace ?

liennathan.fr/x3yl68

c. Quels **bouleversements le repas bourgeois connaît-il au XIXe siècle en France** ?

liennathan.fr/tnbxfi

d. *La Cène* de Leonardo da Vinci (Cenacolo Vinciano) est une peinture célèbre, réalisée entre 1494 et 1498. Que représente ce tableau ?

Voir corrigés p. 147

Enrichir son lexique

Autour du verbe « manger »

Les verbes suivants signifient « manger », mais il existe entre eux des différences de signification concernant la **façon de manger**. Ils appartiennent également à des registres de langue différents.

ZOOM

C'est à vous !

Pour chacun de ces verbes :

1) donnez sa **définition** et un **synonyme** ;

2) faites une liste rapide de ce qu'ils évoquent pour vous (noms de plats, de personnages de romans ou de films/séries…).

Les verbes

Verbe	se sustenter (emploi vieilli)	bâfrer	déguster	se régaler
Sa définition				
Un synonyme				
Ce qu'il évoque pour moi				

Voir corrigés p. 148

S'ENTRAÎNER À L'EXAMEN

1re partie de l'épreuve — Les questions sur le corpus

Comprendre et interpréter un document

Méthodologie

Avant de répondre aux questions sur les documents, il faut s'assurer que ces derniers sont compris et correctement interprétés.
Interpréter **un texte, c'est en comprendre les dimensions implicites, sous-entendues**.

1. Lire un texte, c'est en comprendre le sens

Pour cela, il faut :

a. Identifier les documents pour les comprendre

Pour analyser rapidement les documents, appuyez-vous sur le paratexte : titre, auteur, date de publication, chapeau qui figure au-dessus du texte. Assurez-vous :

▶ **du type et du genre de texte**

Texte littéraire	Article de presse	Extrait d'un essai	Document iconographique
Il peut appartenir à différents genres : récit (roman, nouvelle, conte…), poésie, théâtre, littérature d'idées.	Il rapporte et/ou explique un fait.	Il développe un point de vue argumenté, défendu par l'auteur.	Il en existe plusieurs types : affiche publicitaire, tableau, dessin de presse…

▶ **du contexte de la rédaction du texte ou de l'extrait :** cette étape permet d'envisager la démarche et l'intention de l'auteur du document (informer, documenter, convaincre, faire réfléchir, faire réagir, raconter, amuser…).

b. Interpréter un texte

▶ **L'implicite**
Comprendre un texte ne se limite pas au décodage des mots : il s'agit de l'interpréter pour se l'approprier. Cette interprétation se fait, notamment, grâce à vos connaissances du thème étudié et à votre capacité à **détecter l'implicite** dans le texte. L'implicite, c'est ce qui est **sous-entendu** par le texte (l'ironie, les connotations d'un mot, par exemple) et qu'il s'agit de lever pour ne pas faire de contresens.

▶ **Faire des liens**
Par ailleurs, l'interprétation d'un document induit une capacité à **faire des liens avec d'autres textes** (ceux étudiés au cours des deux années de BTS) et avec les autres textes du corpus.

▶ Se poser les bonnes questions

- Quelles sont les intentions de l'auteur ?
- Que cherche-t-il à mettre en valeur ?
- Quels procédés utilise-t-il ?
  - phrases interrogatives ou exclamatives,
  - figures de style, champs lexicaux,
  - lexique valorisant, dévalorisant.
- S'adresse-t-il directement au lecteur ?

2. Étudier un document iconographique (tableau, affiche publicitaire, dessin de presse…)

a. Méthode

Comme pour le texte, dans un document iconographique, il faut :

- identifier le type de document : tableau, dessin, photographie ;
- en étudier l'organisation (composition, couleurs, légende, slogan) et le cadrage (plan d'ensemble ou plan rapproché, plongée ou contre-plongée) ;
- analyser les couleurs : chaudes/froides ;
- étudier la légende, le texte qui l'accompagne ;
- comprendre sa fonction.

b. Les fonctions d'un document iconographique

- Un dessin de presse peut informer, critiquer, dénoncer…
- Un tableau peut avoir une visée esthétique, provoquer des émotions, être engagé…
- Une affiche publicitaire cherche à convaincre par ses couleurs, les formes, le sujet…

Entraînement

Corpus de documents

L'évolution de l'alimentation et des repas

Répondez aux questions concernant chaque texte.

→ Document 1

Menée par une équipe de chercheurs britanniques, une récente étude révèle ce qui composait les repas des Hommes au temps de la préhistoire. Et plus particulièrement pendant la période du Néolithique, en Grande-Bretagne.

Difficile d'imaginer ce que les hommes préhistoriques appréciaient se mettre sous la dent. Avaient-ils une alimentation monotone et répétitive à base de viande ? Ou au contraire, avaient-ils une alimentation relative-

…

ment variée ? Et puis, comment préparaient-ils leur repas ? Une nouvelle étude, réalisée par une équipe de chercheurs britanniques, vient d'apporter de nouvelles informations au sujet des habitudes alimentaires des Hommes de l'âge de pierre.

Un repas typique de la préhistoire dévoilé par une étude

C'est en effectuant une analyse chimique de plusieurs poteries anciennes et bien conservées que l'équipe de chercheurs de l'université de Bristol a fait ces précieuses découvertes. Dénichés en Écosse, dans des eaux entourant des petites îles artificielles (aussi appelées « crannogs »), ces artefacts seraient vieux d'environ 6 000 ans [...].
Grâce à leur conservation quasi intacte, les scientifiques ont pu reconstituer ce à quoi pouvait ressembler un menu typique de l'époque du Néolithique dans cette partie de la Grande-Bretagne. Si les résultats ne permettent pas de dire si ces hommes préhistoriques consommaient bien leurs 5 fruits et légumes journaliers, ils permettent toutefois d'assurer que leur alimentation était plus variée que ce que nous pourrions naïvement imaginer.

Un riche ragoût préparé avec soin

Selon les résultats de l'étude britannique, ces peuples préhistoriques avaient pour habitude de consommer de la viande, mais aussi des céréales, ainsi que des produits laitiers... le tout bien mélangé, souligne *The Independent*. Côté préparation, pour faire ce fameux ragoût, étaient d'abord cuites les céréales dans des sortes de casseroles de petite taille, puis étaient ajoutés les produits laitiers, et enfin, la viande, préalablement cuite dans une casserole de plus grande taille. En bref : une cuisine somme toute déjà bien organisée.
« Cette recherche nous ouvre une fenêtre sur les traditions culinaires des premiers agriculteurs vivant à l'extrémité nord-ouest de l'Europe, dont les modes de vie sont peu compris », se réjouit le Dr Lucy Cramp, du département d'anthropologie et d'archéologie de l'université de Bristol. Et d'ajouter : « Cela nous donne un premier aperçu des types de pratiques associées à ces îlots énigmatiques. »
« C'est très excitant de voir que les biomarqueurs de céréales peuvent réellement survivre dans des conditions de conservation favorables, dans des échantillons datant de l'époque où les céréales (et la poterie) ont été introduites en Grande-Bretagne », se félicite quant à lui le Dr Simon Hammann [...].

Lola Talik, *Géo*, 12 septembre 2022.

Questions

1) À quel type de texte le document 1 appartient-il ?

2) Quelles découvertes essentielles rapporte-t-il ?

Document 2

Deux extraits de *Bel-Ami,* de Maupassant

Bel-Ami *retrace l'ascension sociale de Georges Duroy, jeune homme employé des chemins de fer à Paris. Grâce à sa rencontre avec un ami perdu de vue, Forestier, il sera embauché dans un journal,* La Vie française, *où il se fera une place, notamment grâce à Madeleine Forestier, la femme de son ami, qui va l'aider à rédiger ses premiers articles. D'autres femmes vont aider Georges, séduites par ce jeune homme élégant et galant, surnommé « Bel-Ami ». Georges atteint le sommet de son ascension sociale en épousant Suzanne Walter, la fille d'un banquier.*

Dans le ***premier extrait****, Georges Duroy dîne avec son patron, Forestier, sa femme Madeleine et leur amie Clotilde de Marelle dans un cabinet particulier.*

Dans le ***second extrait****, le narrateur décrit le repas préparé par les parents de Duroy.*

Extrait 1

Les huîtres d'Ostende furent apportées, mignonnes et grasses, semblables à de petites oreilles enfermées en des coquilles, et fondant entre le palais et la langue ainsi que des bonbons salés.

Puis, après le potage, on servit une truite rose comme de la chair de jeune fille ; et les convives commencèrent à causer.

On parla d'abord d'un cancan qui courait les rues, l'histoire d'une femme du monde surprise, par un ami de son mari, soupant avec un prince étranger en cabinet particulier.

Questions

1) Quels sont les aliments servis ?

2) Étudiez leur description et précisez-en l'effet produit.

Extrait 2

Ce fut un long déjeuner de paysans, avec une suite de plats mal assortis, une andouille après un gigot, une omelette après l'andouille. Le père Duroy, mis en joie par le cidre et quelques verres de vin, lâchait le robinet de ses plaisanteries de choix, celles qu'il réservait pour les grandes fêtes, histoires grivoises et malpropres arrivées à ses amis, affirmait-il. Georges, qui les connaissait toutes, riait cependant, grisé par l'air natal, ressaisi par l'amour inné du pays, des lieux familiers dans l'enfance, par toutes les sensations, tous les souvenirs retrouvés, toutes les choses d'autrefois revues, des riens, une marque de couteau dans une porte, une chaise boiteuse rappelant un petit fait, des odeurs de sol, le grand souffle de résine et d'arbres venu de la forêt voisine, les senteurs du logis, du ruisseau, du fumier.

La mère Duroy [...] se levait à tout moment pour aller chercher les plats, pour verser dans les verres la boisson jaune et aigre de la carafe ou le cidre roux mousseux et sucré des bouteilles dont le bouchon sautait comme celui de la limonade gazeuse.

Questions

1) Quels sont les aliments servis ?

2) Étudiez leur description et précisez-en l'effet produit.

3) Comment les convives se sentent-ils ?

⇢ Document 3

Au fil des décennies, les Français préservent leur temps de repas

Au fil des décennies, les Français ont modifié leurs habitudes alimentaires : ils consomment moins de produits frais, davantage de plats préparés, se font plus souvent livrer leurs repas. Parallèlement, les établissements de restauration rapide se sont fortement développés, facilitant la prise de repas sur le pouce : au cours de la dernière décennie, c'est dans ce secteur des services marchands aux particuliers que le nombre d'établissements a le plus augmenté.

Dans ce contexte, entre 1986 et 2010, le temps quotidien moyen consacré à faire la cuisine s'est réduit de 18 minutes en métropole, passant de 1 h 11 à 53 minutes : léger gain de temps pour les femmes qui restent en moyenne beaucoup plus souvent au fourneau. Mais le temps consacré à s'alimenter, lui, s'est plutôt légèrement accru : 2 h 22 par jour en moyenne en 2010, soit 13 minutes de plus qu'en 1986. Le partage du temps entre alimentation à l'extérieur du domicile et chez soi est relativement inchangé : respectivement un quart et trois quarts.

En 2010, comme en 1986, les hommes passent un peu plus de temps à s'alimenter que les femmes, la différence se faisant sur les repas pris hors du domicile. En outre, le temps dédié à l'alimentation augmente à partir de la quarantaine : jusqu'à 2 h 34 par jour en moyenne pour les 60 ans et plus, contre 2 h 13 pour les moins de 40 ans. Ce sont les repas pris chez soi qui durent plus longtemps. Au contraire, le temps d'alimentation pris à l'extérieur est beaucoup plus important, en proportion, chez les plus jeunes (41 % du temps pour les moins de 25 ans) et décroît très régulièrement avec l'âge. Ces écarts existaient déjà en 1986 mais se sont renforcés.

L'attachement aux trois repas traditionnels demeure

Malgré les facilités croissantes pour s'alimenter à toute heure, le quotidien des Français reste rythmé par les trois repas traditionnels, pris massivement aux mêmes plages horaires. Ainsi, à 13 heures, la moitié des Français est en train de déjeuner. Ce modèle persistant est très éloigné de celui des États-Unis, par exemple, où les habitants sont bien moins nombreux à manger aux mêmes heures. À l'échelle européenne, également, Eurostat avait montré en 2004 que la France se distinguait particulièrement des autres pays par le synchronisme des repas de ses habitants.

En 24 ans, toutefois, les rythmes des repas se sont légèrement modifiés. Le petit déjeuner est le repas le moins synchronisé, mais son pic horaire, aux alentours de 8 heures hors week-end, s'est accentué. Celui du déjeuner, le plus synchronisé, est au contraire un peu moins marqué en 2010. Enfin, les dîners ont lieu un peu plus tard : auparavant un peu avant 20 heures, le pic s'est déplacé vers 20 h 15 et les dîners plus tardifs sont plus fréquents.

www.insee.fr

Paru le 12 octobre 2012.

Questions

1) Qu'est-ce qui, dans le repas français, s'est maintenu et qu'est-ce qui a été modifié ?

2) Que signifie le « synchronisme des repas » ?

3) En quoi la France se singularise-t-elle dans ce synchronisme, par rapport à d'autres pays ?

Consulter le corrigé

liennathan.fr/no6xbc

Je teste mes connaissances sur le chapitre

liennathan.fr/utm1hz

CHAPITRE 2

Le repas, fait individuel ou collectif ?

CONSTRUIRE SES CONNAISSANCES

Ce qu'il faut savoir

1. Manger, c'est manger avec d'autres

a. L'importance de la commensalité

La commensalité est le fait qui distingue l'humain de l'animal, c'est le fait de **partager ses repas.** Bien que nous mangions parfois seuls, la plupart du temps, nous mangeons avec d'autres personnes. Les repas sont inséparables de l'évolution d'une culture, tant par la nature et la qualité des aliments, que par la forme et la qualité de la commensalité (qui signifie « partager la même table »). **La table** désigne un espace-temps où le partage des aliments s'effectue dans le respect de règles explicites ou implicites et renvoie à **une symbolique des échanges.** Déjeuner, dîner ensemble constitue un instant privilégié de convivialité, de commensalité. En effet, être à table, ce n'est pas seulement satisfaire un besoin biologique, c'est partager, **participer à une activité sociale** *(→ voir corpus, document 1, p. 31)*.

b. Manger et parler

Dans l'écriture égyptienne, un **même hiéroglyphe signifie « manger » et « parler »**. Pour les Grecs, les peuples qui ne pratiquent pas **le banquet** sont des barbares car le banquet, c'est le lieu où l'on parle. Le lien entre ces deux oralités désigne la table comme le lieu où des convives qui partagent un repas activent aussi, par le **langage**, un mode de communication qui crée des liens, instaure un ordre, une communion ou des rapports de force. La **table des repas pris en commun** est donc un des lieux de l'**organisation sociale**, à l'échelon d'une famille, d'un clan, d'un royaume, d'un peuple.

La table prédispose les convives à un type de relation et, avant de s'attabler, les convives savent qu'ils devront **se conformer à un cadre et un registre** dans lesquels ils pourront s'exprimer, ou non.

Dans sa dimension matérielle ou symbolique, la table révèle la situation et le statut de chacun, mais elle est aussi le lieu où les interactions par le langage peuvent faire évoluer une situation. Les banquets où l'on parle peuvent être organisés à des fins purement politiques.

Paul Ariès, dans *Une histoire politique de l'alimentation* (2016), nous apprend, par exemple, que les **banquets gaulois** étaient une façon de **faire de la politique**. Il était interdit de parler des affaires publiques en dehors des grandes assemblées populaires régulières et contrôlées. Ces assemblées, qui se tenaient autour d'un repas, permettaient de redéfinir des rapports de force ou d'établir des alliances à travers des joutes oratoires durant lesquelles l'assistance avait l'obligation d'écouter l'orateur dans un silence absolu.

Le **repas en famille** n'est pas seulement le lieu de l'apprentissage alimentaire, avec ses goûts et ses dégoûts, mais aussi **l'apprentissage de la sociabilité et de l'éducation**. Les sujets abordés – il est des sujets interdits à table – et la façon de parler font partie de l'apprentissage du savoir-être à table. L'enfant apprend à manger correctement et à se tenir à table, en adoptant certaines postures physiques et en respectant les **codes de politesse** et de **respect des hiérarchies**. Dans les familles traditionnelles, la **prise de parole** n'est pas également répartie selon le statut lié à l'**âge** mais aussi, encore trop souvent, au **genre**. Les conversations durant un repas en famille – ou au contraire l'absence d'échanges – sont les symptômes d'une harmonie ou de dysfonctionnements.

Au-delà des bienséances, la prise de parole autour de la table et la conversation peuvent être **un art ou une arme**. Les conversations des dîners mondains sont des occasions de faire de bonnes rencontres, de se faire remarquer, de saisir des opportunités. Elles peuvent être aussi l'occasion de dévaloriser, d'humilier, de répandre des rumeurs. Les dîners d'affaires peuvent avoir des enjeux immédiats mais, le plus souvent, ils visent à entretenir des réseaux et à élaborer des stratégies.

c. La table, vecteur d'intégration à un groupe ?

Si le repas partagé est un moment de **plaisir**, c'est aussi un moment fait de **contraintes**.

Il arrive que l'on prenne un repas dans un contexte autre que celui dont on a l'habitude : voyages, déplacements professionnels à l'étranger. On découvre alors de nouveaux goûts, mais on peut aussi éprouver du dégoût face à des mets auxquels on n'est pas habitué. Mais refuser un mets local quand on est invité peut être perçu comme une offense dans certaines cultures. Il est alors nécessaire de dépasser ce dégoût.

L'exemple extrême est celui montré, sur un mode comique, et raciste, dans le film de Steven Spielberg, *Les Aventuriers et le temple maudit*, où les personnages principaux qui se trouvent en Inde sont invités à partager un repas composé de mets à la fois improbables et répugnants : potage aux yeux, sorbet de cervelle de singe…

Qu'on soit à l'étranger ou dans son propre pays, chez soi ou invité, on doit faire bonne impression à table, et manger ensemble, c'est **manger sous le regard d'autrui,** qui peut porter un jugement sur nos goûts, nos manies.

Par ailleurs, le regard des autres a une **influence sur notre conduite** à table et notre décision concernant ce que nous allons manger n'est pas uniquement dictée par nos préférences personnelles. Ainsi, au restaurant, il a été montré* que chacun adapte son choix initial en fonction de son objectif vis-à-vis des autres convives : désir d'**intégration** dans le groupe, envie de **se démarquer**, de **tester quelque chose de nouveau**... Nous modifions donc souvent notre commande par rapport à ce que nous aurions spontanément choisi seul. Des études montrent que partager les mêmes aliments, avoir des préférences alimentaires semblables à celles d'inconnus, favorise la coopération et créerait un sentiment de proximité et de confiance. En calquant notre choix sur celui du groupe, nous manifestons inconsciemment notre désir d'appartenance et d'acceptation.

Enfin, commander comme les autres permet parfois de se désinhiber, la caution du groupe autorisant à s'accorder quelques écarts par rapport à son comportement habituel, que ce soit de manière festive ou plus simplement pour se faire plaisir.

On voit l'importance de la commensalité, et manger seul peut donc être perçu comme une exclusion sociale. La jouissance liée à l'alimentation et à la boisson est un plaisir qui peut être considéré comme inquiétant, car difficile à maîtriser autrement que par des rituels sociaux. C'est pourquoi consommer seul des mets savoureux ou boire seul du vin peut constituer une action honteuse. Manger seul pose un problème de sens, voire d'équilibre psychique. D'ailleurs, les **soins apportés aux troubles de l'alimentation**, telles l'anorexie ou la boulimie, passent par la **prise de repas dans un groupe**.

2. Manger seul

a. Manger seul, est-ce un tabou ?

Pour beaucoup d'entre nous, prendre un repas seul est perçu comme une **expérience étrange, dérangeante, voire déprimante**. Certains coachs recommandent de profiter de la pause déjeuner pour interagir avec ses collègues, dans l'optique d'accroître sa productivité. Déjeuner en solitaire ne ferait donc pas partie des recommandations et habitudes des personnes épanouies. De plus, dans l'imaginaire collectif, le repas est un moment censé être partagé, au point que, dans de nombreuses cultures, **manger seul revêt une forte connotation d'anormalité**, comme si le solitaire était exclu du vivre-ensemble. Ainsi, de nombreuses personnes appréhendent de se retrouver seules à table. L'appré-

*. https://www.mercialfred.com/topos/theorie-restaurant

hension est encore plus forte dans un lieu public comme un restaurant ou une cantine car on craint d'être pris, au mieux, pour un misanthrope, au pire pour un *loser* sans vie sociale.

D'autres personnes, plus rares, savourent ces repas solitaires et considèrent que l'injonction de partager avec d'autres ses repas de façon systématique ne tiendrait pas compte des besoins de chacun ***(→ voir corpus, document 2, p. 36).***

Manger seul au restaurant, c'est prendre le temps de savourer, à son rythme, les mets servis, mais c'est aussi observer les autres, écouter les conversations. Pourquoi cette expérience solitaire, qui est un plaisir pour certains, est-elle si difficile pour d'autres ? Peut-être est-ce lié à la douleur des souvenirs d'école, quand se retrouver seul à sa table était un cauchemar ***(→ voir corpus, document 3, p. 37)*** ? Au tout début du film de Mark Waters, *Mean Girls* (2004), le personnage de Cady arrive à la cafétéria de son lycée, observe des filles assises qui mangent et s'amusent ensemble et s'enfuit pour manger aux toilettes. Cet épisode montre l'angoisse de manger seul en public. Nathalie Peyrebonne, spécialiste de la sociabilité des repas, explique que **manger seul est un tabou culturel**.

Dans nos sociétés, le repas en public est une mise en scène qui va aller au-delà du simple acte de manger, contrairement à ce que font les animaux. Il exige le partage non seulement de la nourriture, mais aussi de la **conversation**. Historiquement, la table était le noyau de la sociabilité où la solitude était impensable. Pour Emmanuel Kant, « **manger seul est malsain pour un philosophe** ». Le fait de partager un repas (la commensalité) a longtemps été la norme. Partager le repas, c'était éloigner le mangeur de son simple besoin biologique de se nourrir.

Aujourd'hui, certes, manger seul au restaurant exige une certaine liberté et la capacité de s'affranchir du regard des autres, mais **manger seul en public n'est plus vraiment un tabou social**. Les **femmes** sont plus soumises à la stigmatisation et à la suspicion quand elles mangent seules au restaurant. La société doit faire des efforts pour se débarrasser de ce cliché sexiste, car manger seule au restaurant a longtemps été associé à une réputation très négative pour les femmes qui étaient assimilées à des prostituées. Pour elles, l'expérience de manger seules peut être un moyen de réappropriation de l'espace public.

b. Qui mange seul ?

Selon le philosophe Jean-Sébastien Philippart, il y aurait trois archétypes du mangeur solitaire : l'ermite, le « sauvage » et le fou. L'**ermite** a choisi de s'isoler volontairement du monde, souvent pour des raisons spirituelles ou philosophiques. Manger seul fait partie intégrante de son mode de vie ascétique, replié sur lui-même dans une quête de sagesse ou de vérité. **On pense, par exemple, aux moines ou ermites religieux qui vivent reclus dans des monastères ou des lieux retirés.** Leur solitude à table est le reflet d'un renoncement aux plaisirs terrestres et d'une recherche d'élévation spirituelle. On peut évoquer ici les **recluses**, au Moyen Âge, qui, adoptant une forme extrême de pénitence, s'enfermaient, de façon volontaire, en solitaire dans un espace restreint (une cellule ou bien un reclusoir), soit pour un temps, soit pour la vie. Cette cellule se trouvait généralement près d'un monastère ou d'une église. Ces recluses recevaient de la nourriture à travers une petite grille ou un soupirail et mangeaient seules. Dans son roman, *Du domaine des murmures* (2011), Carole Martinez raconte l'histoire de la jeune Esclarmonde, qui, en 1187, refuse d'épouser l'homme que son père lui destine. Elle s'offre à Dieu et exige de vivre emmurée jusqu'à sa mort.

Une autre figure du mangeur solitaire, celui qu'on appelait le **« sauvage »,** incarne celui qui vit en marge ou en rupture avec la société et la civilisation. Manger seul est alors la conséquence d'un mode de vie nomade, loin des conventions sociales. On peut penser aux peuples autochtones vivant en autarcie dans la nature. Leur solitude à table symbolise un rejet ou un bannissement des normes de la vie en communauté.

Enfin, le **fou** représente celui dont la raison est altérée ou perdue. Manger seul est alors perçu comme le symptôme d'un déséquilibre mental, d'une incapacité à s'insérer dans le lien social normalement tissé autour du repas.

D'autres personnes mangent seules. Ainsi, le **roi** prend-il souvent ses repas seul. Louis XIV mangeait seul, assis à une table dressée face aux fenêtres. Ce repas était en principe privé, mais Louis XIV avait pour habitude d'y admettre tous les hommes de la Cour, en général ceux présents au lever, qui venaient assister au repas, sans y participer.

À l'opposé du roi, les **sans-abris** mangent également souvent seuls, dans la rue, sauf dans les rares moments où ils peuvent manger avec d'autres, lors d'un repas à table, accueillis par des associations.

Les prisonniers placés à l'isolement parce qu'ils représentent un danger pour les gardiens ou les autres prisonniers sont également obligés de manger seuls. Ces personnes vivent à l'écart de la société, elles en sont souvent bannies.

Mais ce ne sont pas les seules **figures du mangeur solitaire**. Ainsi, dans le manga *Le Gourmet solitaire* (2005) de Jirō Taniguchi, un cadre commercial éprouve des émotions intenses, lors de ses déplacements professionnels, quand il mange seul dans de petits restaurants de quartier où il déguste des mets simples mais qui le replongent dans des expériences gustatives passées.

D'autres figures solitaires existent tel que le **critique gastronomique** dont le métier est d'analyser la qualité des restaurants et de leur nourriture avant de publier des conseils auprès des consommateurs, par exemple par l'intermédiaire d'un guide gastronomique (un des plus connus étant le *Guide Michelin*). Au cinéma, Charles Duchemin, dans *L'Aile ou la Cuisse* (1976) de Claude Zidi, est directeur du guide gastronomique qui porte son nom et qui récompense les restaurants de qualité. Il s'oppose à l'industriel Jacques Tricatel qui produit de la nourriture industrielle. Dans le film d'animation *Ratatouille* (2007) de Brad Bird, c'est Anton Ego qui incarne le critique culinaire. Dans les deux cas, le critique inspire la méfiance.

c. Manger seul, est-ce être un *loser* ?

Dans les grandes villes, avec l'augmentation du nombre de personnes vivant seules, manger seul chez soi ou au restaurant est devenu courant. Il s'agit souvent d'un **choix personnel** et ce n'est pas un signe d'exclusion ou d'isolement. Quand on est seul à table, on déguste davantage les plats, car on n'est pas distrait par les discussions animées. Quand on mange seul, on reste davantage concentré sur ses sensations gustatives, on ralentit le rythme, on prend un temps pour soi. S'extraire ponctuellement du groupe familial, amical, professionnel pour un repas en solitaire peut être **apaisant**, ressourçant. C'est l'expérience que font nombre de **voyageurs qui se déplacent seuls**, traversent des pays où ils mangent, prennent des repas au restaurant, souvent en solitaire.

Manger seul, c'est **s'extraire des conventions sociales** de la table. Ainsi, quand on mange seul, chez soi, on peut manger debout, avec les doigts, directement dans la casserole, car on n'est plus sous le regard d'autrui. Mais certaines personnes qui mangent seules s'obligent à respecter les codes du repas : manger à heure fixe, manger à table, dans une assiette, avec des couverts...

3. Manger ensemble mais différemment

De plus en plus de gens partagent un repas où chacun consomme des **mets différents**. En effet, aujourd'hui, autour d'une table, il peut y avoir une personne végétarienne, une végane, une allergique à certains aliments, etc. Lors des repas, il faut tenir compte des contraintes médicales (allergies, intolérances), éthiques, religieuses ou idéologiques. On assiste à un renversement où l'invité demande à celui qui reçoit de répondre à ses **besoins alimentaires spécifiques**, aboutissant à une grande variété des mets et à une **individualisation des assiettes**. On constate donc une tendance à partager un même moment mais pas la même nourriture, comme au restaurant. Ce phénomène a-t-il un **impact sur les liens entre les convives** ? Le mot « compagnon » fait référence au fait de partager le même pain et manger un aliment identique crée un lien fort, comme la communion. Mais se nourrir en parallèle d'aliments distincts n'empêche pas de tisser des relations fortes entre convives.

De nouvelles formes de commensalité émergent ainsi et **la convivialité résiste à cette individualisation des assiettes**. En effet, les horaires des repas restent synchronisés, avec la moitié des Français à table à 13 heures, et le temps passé à table en France conserve le record mondial avec 135 minutes par jour, signifiant que le repas demeure un moment fort de la vie.

Je note les idées du chapitre à retenir

ZOOM

***Cuisine et Dépendances* (1993) de Philippe Muyl**

Jacques et Martine invitent à dîner des amis perdus de vue depuis dix ans : un écrivain et journaliste à succès et sa femme, Charlotte. Parmi les invités, il y a aussi Georges, un ami que le couple héberge, ainsi que Fred, le frère de Martine, et sa copine Marylin. Le journaliste et sa femme arrivent avec plus d'une heure de retard. Le spectateur ne voit jamais le dîner, il assiste à ce qui se passe en cuisine où certains personnages se retrouvent pour déverser rancœur, critiques, et aveux d'échecs.

Comment s'appuyer sur ce film pour traiter le thème ?

Cette comédie montre qu'un **repas entre « amis »**, souvent présenté et imaginé comme un **symbole de réussite sociale**, peut se transformer en véritable enfer par les jalousies, les rivalités qu'il révèle. Le repas « entre copains » qui est annoncé au début du film, par les retrouvailles avec les amis perdus de vue, se métamorphose en un moment de cruauté. Le lieu où se déroule le repas et sa mise en scène n'est jamais montré ; le spectateur voit seulement **les coulisses du repas**, la cuisine où les convives se succèdent, font **tomber les masques** et sont eux-mêmes.

Enrichir sa culture générale

Pour aller plus loin et illustrer votre copie d'exemples précis, explorez les sites accessibles ci-dessous et répondez aux questions.

liennathan.fr/sao6ia

1. Manger seule

Lisez l'article à partir de « Seul-e ou mal accompagnée ? »

a. Quels sont les avantages liés au fait de manger seul ?

b. En quoi manger seul permet-il de s'émanciper du regard des autres ?

liennathan.fr/2ptg6n

2. *Le gourmet solitaire*, de Jirô Taniguchi

Le héros de ce manga est un gastronome qui fréquente les petits restaurants des quartiers populaires où la nourriture est authentique.

Observez le dessin qui est sur la page de couverture et décrivez le « gourmet solitaire ».

liennathan.fr/729q5q

3. Podcast sur le plaisir de manger seul(e) au restaurant

Quel regard les gens portent-ils sur les personnes qui mangent seules au restaurant ?

liennathan.fr/fystd2

4. Manger seule au restaurant quand on est une femme

Lisez le paragraphe intitulé « Une table à soi » : pourquoi est-il particulièrement difficile pour une femme de dîner seule au restaurant ?

liennathan.fr/tuevk9

5. Manger en groupe avec un régime alimentaire différent

Regardez les résultats du sondage fait auprès de 8 000 personnes et précisez :

• le pourcentage de personnes qui ont un régime présenté comme « particulier » :

• le pourcentage de personnes à qui il arrive de refuser d'être invitées pour ne pas déroger à leur régime :

Voir corrigés p. 149

Enrichir son lexique

L'étymologie des mots

L'étymologie est l'étude de l'origine des mots. Le français provient de langues disparues : le latin, le grec, le celtique. Connaître **les racines latines ou grecques permet de deviner la signification** de certains mots.

Quelques racines fréquentes

Racine	Signification	Exemples
Anthropo	du grec *anthropos* : « homme »	anthropophagie
Homo	• en grec : « le même » • en latin : « homme »	homosexuel, homologue, *homo sapiens*
Logie	du grec *logos* : « discours »	éthnologie, biologie
Poly	du grec *polus* : « nombreux »	polygone

ZOOM

C'est à vous !

Cherchez l'étymologie et la définition des mots suivants :

	Convivialité	Compagnie	Copain
Étymologie			
Définition			

Voir corrigés p. 150

1re partie de l'épreuve — Les questions sur le corpus

Confronter les documents et faire des liens entre eux

Méthodologie

Les questions, dans la première partie de l'épreuve, invitent à faire des liens entre les documents du corpus.

1. Confronter les documents

Après avoir lu les documents, **il s'agit de les confronter**. On attend que soient opérés des rapprochements entre eux, en s'appuyant sur les idées qui les traversent, de manière à organiser les réponses aux questions.

On attend ici que vous trouviez des **points de convergence et/ou des oppositions** entre les documents.

2. Réaliser un tableau de confrontation

Pour mettre les textes en perspective, de manière dynamique, on peut réaliser un tableau de confrontation des documents, qui sera utile dans la mesure où les questions amènent à confronter les documents.

Sur la première ligne du tableau, on note les titres des documents.

Dans la première colonne, on insère les **idées relevées** dans le premier document, en lien avec la question posée, dans la deuxième colonne, les idées du deuxième document, et ainsi de suite.

Dans la dernière colonne, « **Éléments de réponses** », on formule **une synthèse de chaque idée**, pour répondre à la question.

Entrainement

Corpus de documents

La dimension collective du repas

Répondez aux questions concernant chaque texte avant de répondre à la question sur le corpus.

---→ **Document 1**

« Manger » renvoie au collectif, d'une manière ou d'une autre, il s'établit obligatoirement des liens avec des considérations culturelles, des appartenances de groupes affinitaires, des reconnaissances identitaires. [...] Au-

...

trement dit, se constitue ce que l'on pourra définir comme le « système commensal de base ». La table, dans une acception totale — « fait social total », offre le cadre de ce qui pourra se concevoir comme de l'ordre du rite ou de formes ritualisées, quelle qu'en soit sa nature domestique ou festive, courante ou exceptionnelle. La table assemble et rassemble des convives. [...] elle répartit des acteurs, elle distribue des rôles, elle hiérarchise éventuellement des places (proximité et distance), elle structure un espace (lieux et décors), elle rythme le temps (synchronie et répétition), elle oriente la dramaturgie du repas.

Denis Fleurdorge, « Manger dans la rue. Approche anthropologique d'une pratique sociale impossible », dans *Sciences & Actions Sociales*, 2021

···→ Document 2

Partager un repas en famille, est-ce essentiel ?

D'où nous vient cette certitude que manger « ensemble » est de l'ordre du sacré ?

Avez-vous une idée du temps que nous passons chaque jour à table pour nous restaurer ? Deux heures et vingt-deux minutes, en moyenne. Un record ? Disons plutôt une exception culturelle qui, au fil des décennies, nous encourage, coûte que coûte, à préserver nos pauses repas. Puisque nous nous attablons environ cent mille fois au cours de notre existence, c'est vrai, autant en profiter. Et déguster. Avec, toujours, ce vieux présupposé en tête : le faire à plusieurs, c'est mieux... Pour la santé autant que pour le bien-être collectif. Les moralistes nous le serinent d'ailleurs à tout bout de champ : **« S'il n'y a pas de repas de famille, c'est qu'il n'y a pas d'esprit de famille ! »**

D'où nous vient cette certitude que manger « ensemble » est de l'ordre du sacré ? Pourquoi vantons-nous, à ce point, les vertus de la « commensalité » pour l'équilibre de la famille et de notre psyché ?

L'origine de ce puissant a priori remonte sans doute à la fameuse Cène du Nouveau Testament qui nous enjoint, depuis deux mille ans, à « partager » pour « communier tous ensemble ». Mais, depuis quelques années, on peut aussi le raccrocher au fantasme, si répandu, de la famille Ricorée : la nappe vichy autour de laquelle tout le monde se presse en riant, vous vous souvenez, c'est si charmant. Sauf que, si l'on est un tout petit peu honnête, on peut bien tenter de l'admettre : dans la réalité, le repas familial est plus souvent l'occasion de « se bouffer le nez » qu'un pur moment de félicité.

…

Mais alors pourquoi insistons-nous ? Pourquoi même en redemandons-nous de ces repas familiaux pourtant parfois si compliqués ?
Comme le souligne la psychanalyste Catherine Grangeard qui est spécialiste des troubles de l'alimentation, la question soulevée par le cliché de la tablée collective est en fait celle de la « norme ». Or, parce que la norme s'occupe du général sans s'attacher aux cas particuliers, nous devrions sans doute plus souvent l'interroger : « cette "normalité" du repas en commun est-elle vraiment adaptée à mon histoire, à mon foyer ? »
Et, dans certains cas, la réponse ne fait pas un pli : l'injonction à manger ensemble n'est pas du tout fondée. Parce qu'elle néglige toute singularité, on peut même dire qu'elle est parfois largement critiquable. Combien de patients, sur le divan, racontent ainsi à quel point ces rendez-vous obligatoires autour du repas familial finissent par les « gaver » ? Telle cette épouse, au petit appétit, qui ne supportait plus les remarques désobligeantes de son mari. Ou bien le cas de cet ado qui redoutait toujours que s'expriment, à table, les conflits latents qui minaient ses parents…

France Inter, 23 juillet 2017,
une chronique en partenariat avec *Psychologies Magazine.*

···→ Document 3

Une cantine

Questions sur le corpus

Quel regard ces 3 documents portent-ils sur la dimension collective du repas ?

1. Confronter les documents

a. Dans le tableau, formulez deux idées relevées dans chaque document.

Document 1	Document 2	Document 3
Manger dans la rue. Approche anthropologique d'une pratique sociale impossible, Denis Fleurdorge, dans *Sciences & Actions Sociales* (2021)	*Partager un repas en famille, est-ce essentiel ?* France Inter, 23 juillet 2017.	*Une cantine*, photographie.
Idée 1 :	**Idée 1 :**	**Idée 1 :**
Idée 2 :	**Idée 2 :**	**Idée 2 :**

b. Notez les trois points communs et différences entre les trois documents.

•

•

•

2. Réaliser un tableau de confrontation

Document 1 *Manger dans la rue. Approche anthropologique d'une pratique sociale impossible*, Denis Fleurdorge, dans *Sciences & Actions Sociales* (2021)	**Document 2** *Partager un repas en famille, est-ce essentiel ?* France Inter, 23 juillet 2017.	**Document 3** *Une cantine*, photographie.	**Pistes de réponse**

Consulter le corrigé

liennathan.fr/7u5kiz

Je teste mes connaissances sur le chapitre

liennathan.fr/aem86e

CHAPITRE 3

Le repas, élément constitutif d'une culture

CONSTRUIRE SES CONNAISSANCES

Ce qu'il faut savoir

1. Repas et religion

a. Les rites religieux

Le repas est l'occasion de communiquer avec le divin, par des rites. Des bénédictions, des prescriptions et des interdits donnent forme au repas qui crée et renforce des liens culturels, communautaires et identitaires. Ce **rapport entre l'incorporation d'aliments**, selon des codes et le surnaturel, divin ou chamanique, se retrouve dans pratiquement toutes les cultures.

Dans l'Antiquité grecque et romaine, tout banquet commence par un sacrifice pour se mettre sous les bons auspices des dieux.

Les repas de la tradition judéo-chrétienne sont inaugurés par une prière.

Le rapport à la nourriture et à la religion structure le récit de la Bible, et les rites religieux juifs, chrétiens et musulmans s'y réfèrent de façon spécifique.

Adam et Ève, végétariens, sont expulsés du paradis pour avoir consommé le fruit de l'arbre de la connaissance, mais, après le déluge, Noé et ses descendants peuvent disposer de « tout ce qui se meut » (*Genèse* IX). La nourriture sera encadrée par le religieux, les repas consacreront des rituels, **des règles** et **des interdits** propres à **chaque culture** et seront des **moments de sociabilité**, de stabilité et de transmission.

▶ **Dans les communautés juives**, des événements majeurs de l'histoire du peuple hébreu sont célébrés lors de repas. Les repas de **Pessah** rappellent le jour où, le sang de l'agneau sur les portes, a protégé les juifs des plaies lancées par Dieu et la fuite d'Égypte. Le repas de **Roch Hachana**, qui marque le début de l'année hébraïque, et celui de **Kippour** ont une finalité particulière, avec une symbolique pour chaque mets. Le repas du vendredi soir, le repas du shabbat, liant nourriture et tradition, reste pour la communauté juive le lien entre famille et communauté.

▶ **Chez les catholiques**, Jésus rassemble ses disciples pour partager avec eux le dernier repas avant d'être arrêté. C'est **la Cène**, la Pâque juive, Pessah, qu'il célèbre avec eux. Jésus rompt le pain et le bénit. Les chrétiens commémorent cette dernière cène à chaque messe. **Pâques** est la fête la plus importante du christianisme. Elle commémore la Passion et la résurrection de Jésus, et réunit les fidèles et la famille pour la prière à l'église et pour manger ensemble lors d'un repas qui comprend traditionnellement de l'agneau. L

e repas de Noël, à l'origine religieux puisqu'il suit la messe de minuit qui célèbre la naissance de Jésus, a pris une connotation sociétale et même marchande.

▶ **Dans le monde arabe**, quand commence l'Islam la nourriture est considérée comme un bienfait de Dieu dont il faut user avec modération. La religion musulmane demande au fidèle de faire une prière avant le repas et une autre après. Les deux principales fêtes sont les deux temps forts de l'année que tout musulman se doit de célébrer. La **fête de la rupture** marque la fin du mois de **ramadan**. La fête du sacrifice ou grande fête (**Aïd al-Adha** ou **Aïd al-kabîr**) est la très grande fête religieuse de l'année, symbole inégalable de la foi et de l'obéissance à Allah, en commémoration du sacrifice d'Abraham. Elle coïncide avec le pèlerinage à la Mecque. À quelques exceptions près, la célébration se déroule de la même façon pour ces deux fêtes : prière, échanges de vœux, repas pris en commun, visites chez les parents et chez les voisins. En fait, c'est la communion du fidèle avec la communauté.

b. Se priver de manger

Se priver de manger est une marque de dévotion.

Dans la religion juive, trop manger nuit à l'esprit et sept jours sont réservés au jeûne dans l'année : il s'agit de Kippour.

Le ramadan se pratique le neuvième mois du calendrier musulman et dure 29 à 30 jours selon le calendrier lunaire. Le jeûne quotidien est rompu chaque soir avec un repas appelé *iffar*, à partir de l'heure précise de coucher du soleil.

Le carême, pour les chrétiens, rappelle les quarante ans passés dans le désert par le peuple hébreu avant de rallier la Terre promise et les quarante jours de Jésus passés dans le désert entre son baptême et le début de sa vie publique. À la fin du IVe siècle, l'Église de Jérusalem remplace les quarante jours de jeûne par un carême de huit jours.

2. Repas et pouvoir politique

a. À la table des puissants

Pour Paul Ariès, dans son ouvrage *Une histoire politique de l'alimentation* (2016), « la politique s'est inventée avec des affaires de tables ».

> Ce n'est pas la communauté qui partage un banquet, mais ce banquet qui crée la communauté en tant que corps politique. » En effet, la politique s'invente autour de questions de subsistance et de pouvoirs avec la définition de territoires, de cueillette, de chasse, d'accès à l'eau, avec la constitution de réserves et de gestion des stocks, la mise en commun ou la privatisation, la sécurité collective, la possibilité d'échanges et de commerces, la répartition des tâches et la redistribution des richesses.

Des repas quotidiens en ville aux festins officiels, **la table est devenue un moyen de puissance**, utilisé pour mobiliser des réseaux, afficher son autorité et transmettre des messages politiques à travers ce que nous mangeons et buvons.

Pour le célèbre gastronome Anthelme Brillat-Savarin (XVIIIe siècle) :

> Les repas sont devenus un moyen de gouvernement, et le sort des peuples s'est décidé dans un banquet. Ceci n'est ni un paradoxe, ni même une nouveauté, mais une simple observation des faits. Qu'on ouvre tous les historiens, **depuis Hérodote jusqu'à nos jours,** et on verra que, sans même en excepter les conspirations, **il ne s'est jamais passé un grand événement qui n'ai été conçu, préparé et ordonné dans les festins.**[1]

Ainsi, au fil des siècles et des régimes politiques, certains aliments et plats ont revêtu une forte **signification politique**, dont les évolutions s'inscrivent à la fois dans les transformations de la gastronomie française et dans l'histoire politique du pays.

Dès le IIIe siècle, l'unité de la Gaule est sans cesse remise en cause par des rivalités et des conflits. Des banquets sont organisés pour **résoudre les différends**. Les déclarations de guerre et la mobilisation sont souvent accompagnées de banquets. Ils sont l'occasion de rivaliser en générosité, un point d'honneur, ainsi qu'en éloquence, puisque tout se règle lors de duels oratoires.

Pendant des siècles, l'abondance des mets est considérée comme un **signe de puissance**. Sur les tables royales au Moyen Âge, l'abondance et la prodigalité

1. Cité dans Philippe Meyzie, « Alimentation, pouvoirs et politique », *L'Alimentation en Europe à l'époque moderne*, 2010.

permettaient au roi de se montrer comme le premier des seigneurs. La surabondance de nourriture ainsi que la rareté des mets participaient au **prestige** de la table et imposaient une **hiérarchie**.

Les rois affichaient, par exemple, leur suprématie à travers une profusion de mets rares sur leurs tables. Des plats tels que les paons et les cygnes étaient présentés comme des mets exceptionnels, spectaculaires, lors de banquets royaux ; ils avaient pour objet d'impressionner les invités.

Les institutions politiques asseyaient leur prestige sur des banquets, repas fastueux. À Versailles, Louis XIV fait de sa table un espace sacré et un lieu de spectacle ; le monarque mange avec sa famille ; debout, les nobles assistent au repas en silence. Le roi interdit à la noblesse versaillaise de manger ensemble pour casser les solidarités familiales, les éventuelles alliances ou les complots.

Au XVIIIe siècle, les personnalités politiques de la ville (le maire, le procureur...) donnaient des festins où étaient servis les plats à la mode, affichant ainsi leur pouvoir et le prestige de la ville. Mais à la Révolution, ces repas suscitent des critiques, et Louis XVI est caricaturé, présenté comme celui qui affame son peuple et l'oblige à lui fournir des aliments rares.

Dans une société hiérarchisée, **les aliments avaient une forte dimension symbolique.** Par exemple, le gibier à plumes n'était présent que sur les tables de la noblesse sous l'Ancien Régime.

b. Repas et réseaux d'influence

Le choix des aliments par et à destination des hommes de pouvoir intervenait aussi dans l'entretien des **réseaux d'influence**. Ainsi, durant l'Ancien Régime, les villes de province honoraient la famille royale, le contrôleur général des finances, les ministres ou les intendants par des présents gastronomiques en début d'année ou lors de visites officielles. Chacune offrait alors des aliments, fleurons de la gastronomie locale et dignes d'être envoyés à des personnages puissants.

c. La politique culinaire

L'alimentation peut également être un vecteur de messages politiques. Avec l'avènement de la Ve République et la médiatisation des chefs étoilés, la politique culinaire a évolué. Le luxe et l'abondance n'étaient plus les seuls critères de distinction. En 1975, par exemple, le chef Paul Bocuse créa une « soupe aux truffes VGE » en l'honneur du président de l'époque, Valéry Giscard d'Estaing, démontrant ainsi que même l'alimentation des présidents était devenue un enjeu politique pour façonner leur image publique soit du côté du raffinement et de l'excellence française, soit, à l'inverse, en affichant l'image plus populaire d'un amateur de plats traditionnels (comme Jacques Chirac, qui promeut la cuisine de terroir, expression politique de la proximité avec les gens ordinaires).

3. Alimentation et géopolitique

La géopolitique (définie comme « l'étude des rivalités de pouvoir sur des territoires, et les populations qui y vivent ») est très instructive sur les **transformations culturelles**, notamment concernant la table, qui sont la conséquence de confrontations ou de prédations, de la part de certains pays.

Par exemple, en 642, les Arabes prennent le port d'Alexandrie, par où transite une grande partie du commerce des épices et du sucre venant du sous-continent indien et de Chine. Avec ces nouveaux ingrédients, les Arabes développent une gastronomie raffinée. À partir du VIIIe siècle, ils utilisent des **couteaux et** des **fourchettes** pour découper la nourriture, prise dans un plat unique, avant de la porter à la bouche avec les doigts.

Lorsque les Européens entrent en contact avec la cuisine arabe, ils se régalent de ses saveurs nouvelles. Du XIVe au XVIe siècle, c'est la cuisine italienne et la cuisine arabe qui sont les plus appréciées jusqu'à ce que la cuisine française s'impose au XVIIe siècle comme la cuisine gastronomique européenne de référence.

La découverte et la colonisation de l'Amérique apportent sur les tables d'Europe des ingrédients, comme la pomme de terre, la tomate ou le chocolat, qui vont être intégrés aux traditions culinaires de l'Europe.

L'Histoire montre que les banquets jouent un rôle de sociabilité et de gouvernance sociale et politique. Les **banquets entre hommes de pouvoir** font partie des traditions mésopotamienne, égyptienne, ou dans les cités archaïques de Sparte ou de Crète. À Athènes, à l'époque classique, des citoyens – exclusivement des hommes – choisis parmi les plus riches familles devaient manger ensemble, pour discuter et régler les affaires de la cité. Aux débuts de Rome, les grands événements de la société étaient marqués par une procession et le sacrifice d'un animal suivis d'un banquet qui réunissait les citoyens. Au fil du temps, ces banquets publics et religieux deviennent privés, chez les riches.

De nos jours encore, la France, lorsque le représentant de l'État reçoit un dirigeant ou une personnalité du monde politique, fait de sa gastronomie et du faste d'un décorum dans un cadre prestigieux **un atout pour sa diplomatie** et un moyen d'afficher sa puissance.

Je note les idées du chapitre à retenir

Je note les idées du chapitre à retenir

ZOOM

Les Saveurs du Palais (2012), de Christian Vincent

Hortense Laborie vit dans le Périgord. Elle devient la cuisinière privée du Président qui est lassé du raffinement de la cuisine officielle de l'Élysée. Elle est alors chargée de préparer des plats pour lui et ses invités. Sa cuisine du terroir, simple et authentique, déplaît au chef des cuisines officielles qui lui mène la vie dure et seul le Président semble l'apprécier. Ce personnage incarne une profession exercée avec passion. En effet, elle travaille quasiment sans limite pour parvenir à réaliser ses plats.

Comment s'appuyer sur ce film pour traiter le thème ?

Le film insiste sur l'**étiquette** qui pèse sur Hortense (elle n'a pas le droit de traverser la cour du palais de l'Élysée, elle doit saluer tout le monde « avec déférence »...). Le **protocole** est extrêmement strict et la cuisinière, habituée à la simplicité de la vie dans le Périgord, a du mal à s'y faire. Ainsi, le service des plats obéit à des règles précises : à chaque nouveau plat, le maître d'hôtel entre dans la salle à manger présidentielle accompagné des serveurs. Hortense, elle, reste derrière la porte. Le film présente une métaphore du pouvoir articulée sur le **contraste** entre l'univers des puissants et celui de ceux qui les servent. « En haut » du Palais de l'Élysée, le Président reçoit, dans l'univers feutré des grands salons de réception aux parquets cirés, aux hauts plafonds, aux dorures et mobilier luxueux, alors qu'en sous-sol se trouvent les cuisines qui constituent un monde clos et en activité.
Le film montre aussi une gastronomie française classique, aujourd'hui en partie disparue.

Enrichir sa culture générale

Pour aller plus loin et illustrer votre copie d'exemples précis, explorez les sites accessibles ci-dessous et répondez aux questions.

liennathan.fr/3ca27k

1. Le repas gastronomique français

Qu'est-ce que le repas gastronomique français tel que défini par l'Unesco qui l'a inscrit au patrimoine immatériel de l'humanité ?

liennathan.fr/x6whz6

2. Le repas et le pouvoir

a. En quoi la table est-elle un espace de pouvoir ?

b. En quoi le repas permet-il aux politiques d'afficher leur pouvoir ?

liennathan.fr/x6whz6

3. Un dîner royal

En septembre 2023, la France a reçu le roi d'Angleterre Charles III et Camilla.

a. Où le repas s'est-il tenu ?

b. Quels mets les convives ont-ils dégustés ?

Voir corrigés p. 150

Enrichir son lexique

Le vocabulaire des consignes
Les questions sur documents peuvent utiliser des termes très variés, induisant des démarches et des réponses différentes.

• « À la lumière des documents 1 et 2, **expliquez** en quoi le repas est lié à notre mode de vie. »
→ ***Expliquer*** consiste à décrire un ou plusieurs documents pour mettre en valeur les informations essentielles. L'objectif est de faire la synthèse de ces informations pour les faire comprendre.

• « À la lumière des documents 1 et 2, **analysez** comment s'articulent temps et repas. »
→ ***Analyser*** consiste à étudier les éléments essentiels des documents et à les articuler entre eux pour faire émerger, notamment, des thèmes, des motifs…

• « **En quoi**, d'après le document 1, le voyage est-il source de remise en cause de soi ? »
→ ***En quoi*** signifie de s'interroger sur les raisons d'un phénomène.

• « **Comment** les documents du corpus mettent-ils en valeur les effets de notre alimentation sur l'environnement ? »
→ le mot interrogatif ***comment*** invite à s'interroger sur les procédés (littéraires, notamment) employés par les documents.

Notes

Voir corrigés p. 151

1re partie de l'épreuve – Les questions sur le corpus

Comprendre les questions posées sur un document

Méthodologie

Il s'agit, dans cet exercice, de répondre, de manière organisée et argumentée, à une question. Pour cela, il convient, au préalable, de comprendre les questions posées et la démarche attendue. Selon la question posée, la démarche et les attentes ne seront pas nécessairement les mêmes.

Quelle que soit la question posée, la copie doit montrer :
- que les documents sont compris, interprétés, et pas seulement paraphrasés ;
- et qu'ils sont mis en perspective.

1. Comprendre les questions posées

▶ Exemple à partir des textes du corpus
Sujet : En quoi ces quatre textes montrent-ils que le repas est le reflet du milieu social ?

Démarche :
- La question induit une **confrontation des textes du corpus** (n'en étudier que trois, serait une erreur très pénalisée).
- Elle porte sur une **étude précise** qui traverse les quatre extraits : le repas, reflet du milieu social.
- On distinguera d'abord les trois premiers textes, qui sont des extraits de fiction, et le quatrième, qui est l'extrait d'un essai.
- La réponse soulignera que les trois premiers textes décrivent des repas, dans des milieux sociaux différents ; et que le quatrième texte montre le lien entre la classe sociale et la composition des repas et la conduite à table.

2. Adopter une démarche adaptée

Question	Démarche attendue
À la lumière des documents, montrez que le repas est le reflet du milieu social.	**On répond à une question précise et circonscrite** en s'appuyant sur les documents.
Quels liens établissez-vous entre les documents ?	**On formule les idées qui traversent les documents** et on justifie la réponse en citant les textes.

Entrainement

Corpus de documents

Le repas, reflet du milieu social ?

Répondez aux questions concernant chaque texte avant de répondre aux questions sur le corpus.

→ **Document 1**

Guy de Maupassant, *Aux champs* (1882)

Au début de la nouvelle Aux Champs *de Maupassant, le narrateur présente deux familles, les Tuvache et les Vallin, qui vivent misérablement dans deux chaumières voisines.*

Les deux chaumières étaient côte à côte, au pied d'une colline, proches d'une petite ville de bains. Les deux paysans besognaient dur sur la terre inféconde[1] pour élever tous leurs petits. Chaque ménage en avait quatre. [...]
Les deux mères distinguaient à peine leurs produits[2] dans le tas ; et les deux pères confondaient tout à fait. Les huit noms dansaient dans leur tête, se mêlaient sans cesse ; et, quand il fallait en appeler un, les hommes souvent en criaient trois avant d'arriver au véritable.
La première des deux demeures, en venant de la station d'eaux de Rolleport, était occupée par les Tuvache, qui avaient trois filles et un garçon ; l'autre masure[3] abritait les Vallin, qui avaient une fille et trois garçons.
Tout cela vivait péniblement de soupe, de pommes de terre et de grand air. À sept heures, le matin, puis à midi, puis à six heures, le soir, les ménagères réunissaient leurs mioches pour donner la pâtée, comme des gardeurs d'oies assemblent leurs bêtes. Les enfants étaient assis, par rang d'âge, devant la table en bois, vernie par cinquante ans d'usage. Le dernier moutard avait à peine la bouche au niveau de la planche. On posait devant eux l'assiette creuse pleine de pain molli dans l'eau où avaient cuit les pommes de terre, un demi-chou et trois oignons ; et toute la ligne mangeait jusqu'à plus faim. La mère empâtait elle-même le petit. Un peu de viande au pot-au-feu, le dimanche, était une fête pour tous ; et le père, ce jour-là, s'attardait au repas en répétant : « Je m'y ferais bien tous les jours. »

...

1 Inféconde : la terre ne donne pas.
2 Produits : il est question des enfants.
3 Masure : maison insalubre, très vieille.

Question

Qu'est-ce qui montre la grande pauvreté des deux familles ?

Document 2

Marguerite Duras, *Moderato Cantabile* (1958)

Anne Desbaresdes boit de nouveau un verre de vin tout entier les yeux mi-clos. Elle en est déjà à ne plus pouvoir faire autrement. Elle découvre, à boire, une confirmation de ce qui fut jusque-là son désir obscur et une indigne consolation à cette découverte.

D'autres femmes boivent à leur tour, elles lèvent de même leurs bras nus, délectables, irréprochables, mais d'épouses. Sur la grève, l'homme siffle une chanson entendue dans l'après-midi dans un café du port.

La lune est levée et avec elle voici le commencement de la nuit tardive et froide. Il n'est pas impossible que cet homme ait froid.

Le service du canard à l'orange commence. Les femmes se servent. On les choisit belles et fortes, elles feront front à tant de chère. De doux murmures montent de leurs gorges à la vue du canard d'or. L'une d'elles défaille à sa vue. Sa bouche est desséchée par d'autre faim que rien non plus ne peut apaiser qu'à peine, le vin. Une chanson lui revient, entendue dans l'après-midi dans un café du port, qu'elle ne peut pas chanter. Le corps de l'homme sur la plage est toujours solitaire. Sa bouche est restée entrouverte sur le nom prononcé.

– Non merci.

Sur les paupières fermées de l'homme, rien ne se pose que le vent et, par vagues impalpables et puissantes, l'odeur du magnolia, suivant les fluctuations de ce vent.

Anne Desbaresdes vient de refuser de se servir. Le plat reste cependant encore devant elle, un temps très court, mais celui du scandale. [...]

On la laisse en paix, la dévoration du canard commence. Sa graisse va se fondre dans d'autres corps. Les paupières fermées d'un homme de la rue tremblent de tant de patience consentie. Son corps éreinté a froid, que rien ne réchauffe. Sa bouche a encore prononcé un nom.
À la cuisine, on annonce qu'elle a refusé le canard à l'orange, qu'elle est malade, qu'il n'y a pas d'autre explication.

Question

En quoi ce texte est-il une critique d'un certain milieu bourgeois du XXe siècle ?

Document 3

Georges Perec, *Les Choses* (1965)

Dans l'extrait suivant, le narrateur évoque les repas et leur préparation avec ses amis.

Ou bien, chez l'un ou l'autre, ils organisaient des dîners presque monstrueux, de véritables fêtes. Ils n'avaient, la plupart du temps, que des cuisines exiguës, parfois impraticables, et des vaisselles dépareillées dans lesquelles se perdaient quelques pièces un peu nobles. Sur la table, des verres taillés d'une finesse extrême voisinaient avec des verres à moutarde, des couteaux de cuisine avec des petites cuillers d'argent armoriées.
Ils revenaient de la rue Mouffetard, tous ensemble, les bras chargés de victuailles, avec des cageots entiers de melons et de pêches, des paniers remplis de fromages, des gigots, des volailles, des bourriches d'huîtres en saison, des terrines, des œufs de poisson, des bouteilles enfin, par casiers entiers, de vin, de porto, d'eau minérale, de Coca-Cola.
Ils étaient neuf ou dix. Ils emplissaient l'appartement étroit qu'éclairait une seule fenêtre donnant sur la cour ; un canapé recouvert de velours râpeux

occupait au fond l'intérieur d'une alcôve ; trois personnes y prenaient place, devant la table servie, les autres s'installaient sur des chaises dépareillées, sur des tabourets. Ils mangeaient et buvaient pendant des heures entières. L'exubérance et l'abondance de ces repas étaient curieuses : à vrai dire, d'un strict point de vue culinaire, ils mangeaient de façon médiocre : rôtis et volailles ne s'accompagnaient d'aucune sauce ; les légumes étaient, presque invariablement, des pommes de terre sautées ou cuites à l'eau, ou même, en fin de mois, comme plats de résistance, des pâtes ou du riz accompagné d'olives et de quelques anchois. Ils ne faisaient aucune recherche ; leurs préparations les plus complexes étaient le melon au porto, la banane flambée, le concombre à la crème. Il leur fallut plusieurs années pour s'apercevoir qu'il existait une technique, sinon un art, de la cuisine, et que tout ce qu'ils avaient par-dessus tout aimé manger n'était que produits bruts, sans apprêts ni finesse.

Question

Qu'est-ce qui montre, dans le texte, que les convives des repas organisés appartiennent à un milieu modeste mais pas pauvre ?

Document 4

Pierre Bourdieu, *La Distinction* (1979)

Dans La Distinction, *Pierre Bourdieu présente une théorie des goûts et des styles de vie. D'après le sociologue, le rapport à l'alimentation qu'entretiennent les classes supérieures et les classes populaires sont différents et les aliments consommés et les manières de les consommer diffèrent selon le capital économique et le capital culturel.*

On pourrait, à propos des classes populaires, parler de franc-manger comme on parle de franc-parler. Le repas est placé sous le signe de l'abondance (qui n'exclut pas les restrictions et les limites) et, surtout, de la li-

...

berté : on fait des plats « élastiques », qui « abondent », comme les soupes ou les sauces, les pâtes ou les pommes de terre (presque toujours associées aux légumes) et qui, servies à la louche ou à la cuiller, évitent d'avoir à trop mesurer et compter – à l'opposé de tout ce qui se découpe, comme les rôtis. Cette impression d'abondance, qui est de règle dans les occasions extraordinaires et qui vaut, dans les limites du possible, pour les hommes, dont on remplit l'assiette deux fois (privilège qui marque l'accès du garçon au statut d'homme), a souvent pour contrepartie, dans les occasions ordinaires, les restrictions que s'imposent les femmes (en prenant une part pour deux, ou en mangeant les restes de la veille), l'accès des jeunes filles au statut de femme se marquant au fait qu'elles commencent à se priver. Il relève du statut d'homme de manger et de bien manger (et aussi de bien boire).
Au « franc-manger » populaire, la bourgeoisie oppose le souci de manger dans les formes. Les formes, ce sont d'abord des rythmes, qui impliquent des attentes, des retards, des retenues ; on n'a jamais l'air de se précipiter sur les plats, on attend que le dernier à se servir ait commencé à manger, on se sert et se ressert discrètement. On mange dans l'ordre, et toute coexistence de mets que l'ordre sépare, rôti et poisson, fromage et dessert, est exclue : par exemple, avant de servir le dessert, on enlève tout ce qui reste sur la table, jusqu'à la salière, et on balaie les miettes. Cette manière d'introduire la rigueur de la règle jusque dans le quotidien [...] est l'expression d'un habitus d'ordre, de tenue et de retenue qui ne saurait être abdiqué. [...] le fait de manger dans les formes étant par exemple une manière de rendre hommage aux hôtes et à la maîtresse de maison, dont on respecte les soins et le travail en respectant l'ordonnance rigoureuse du repas.
C'est aussi une manière de nier la consommation dans sa signification et sa fonction primaires, essentiellement communes, en faisant du repas une cérémonie sociale, une affirmation de tenue éthique et de raffinement esthétique.

Question

D'après Pierre Bourdieu, de quoi dépendent notre façon de manger et ce qu'on mange ?

Questions sur le corpus

Complétez le tableau suivant : formulez les idées qui vous aideront à citer dans votre réponse.

Question	Démarche
En quoi ces quatre textes montrent-ils que le repas est le reflet du milieu social ?	**Le document 1** décrit : ………… ………… ………… ………… ………… ………… ………… ………… Citez le document : ………… ………… ………… ………… ………… ………… ………… **Le document 2** décrit : ………… ………… ………… ………… ………… Citez le document : ………… ………… ………… ………… …………

	Le document 3 décrit : Citez le document :
	Le document 4 montre : Citez le document :

Consulter le corrigé

liennathan.fr/mr856c

Je teste mes connaissances sur le chapitre

liennathan.fr/77gpwq

CHAPITRE 4

Les rituels du repas

CONSTRUIRE SES CONNAISSANCES

Ce qu'il faut savoir

1. Les arts de la table

a. Rites de table et hospitalité domestique

Nous sommes des êtres sociaux, façonnés par les innombrables relations que nous entretenons avec les autres. Convier des proches à partager un repas chez soi, c'est leur offrir l'hospitalité et leur manifester son affection. Cette hospitalité de table est, depuis toujours, liée à la **notion de rite**. Ainsi les textes mythologiques regorgent-ils de banquets, de repas où se nouent des destins. La littérature et le cinéma décrivent et montrent des scènes de repas, de festins au cours desquels les rites rassemblent et célèbrent la communauté.

▶ **Les arts de la table**

Quand on « reçoit » à dîner, on embellit, on range, on décore, et les hôtes, famille ou amis, sont accueillis dans un **contexte privilégié, apprêté pour l'occasion**. On fait le ménage, on range. Négliger cela serait manquer de respect. Et plus on accorde d'importance à son invité, plus on se montre plein d'égards en décorant et en embellissant, avec des bouquets de table, des chandelles et autres accessoires de fête. Mais la préparation du repas, c'est d'abord la disposition de la table, le choix des objets et la décoration de la salle à manger.

En France, les « **arts de la table** », qui désignent les différents arts associés aux repas partagés entre amis ou en famille, ont une importance essentielle dans l'organisation du repas. Ils concernent la présentation des plats et leur service, la civilité à table ou encore l'emplacement des ustensiles, la décoration des lieux... Ainsi, pour dresser une table à la française, on utilise une nappe appropriée (ronde ou rectangulaire, blanche ou de couleur). Les couverts, quant à eux, ont chacun une place et une fonction spécifiques, qui varient suivant les époques.

L'assiette de l'entrée peut être posée sur celle du plat principal, mais chaque assiette peut aussi être apportée successivement. Les arts de la table à la française ont évolué au fil des siècles. Ainsi, ce n'est que sous le règne d'Henri III (1574-1589) qu'est apparu l'usage de la fourchette. Ces pratiques sont usuelles aussi bien dans la restauration que dans la sphère privée (repas de famille ou entre amis à la maison…) ou encore lors des repas diplomatiques.

▶ Le déroulement du repas

Le repas commence avec les courses (et l'inévitable liste) qui permettront de le préparer. Quant au repas lui-même, il s'ouvre souvent par l'apéritif. Puis viennent les plats qui se succèdent selon un **certain ordonnancement** qui varie en fonction du repas : repas de famille, repas de fête… Ce dernier se déroule selon une temporalité spécifique qui suspend le cours ordinaire des choses et les plats s'enchaînent, au fil des conversations. Rien ne doit interrompre cet ordonnancement. C'est pourtant ce qui se passe dans le film, *Festen*, de Lars Von Trier, dans lequel les accusations d'inceste, contre le père de famille, lors d'un grand repas de famille sont d'abord reçues avec scepticisme et même énervement « parce que ce n'est ni le lieu ni le moment pour ce genre de déballage ». Le fils qui accuse le père est perçu comme un trouble-fête, qui déroge aux exigences du rite de table et fait scandale dans ce que les autres convives considèrent comme un dérapage.

▶ Les contraintes temporelles

Le repas s'insère dans la vie familiale, elle-même rythmée par les différents besoins des membres de la famille (sommeil, bain) et les engagements sociaux et personnels des parents et des enfants (école, activités extrascolaires, travail, loisirs). Les heures des repas sont donc **planifiées** en fonction des engagements des membres de la famille dans la vie sociale en dehors de la maison. Il arrive ainsi que le repas ait lieu plus tôt que d'habitude ou que les membres de la famille mangent séparément.

▶ Un repas particulier, le repas de Noël

Il commémore la naissance de Jésus à Bethléem, considérée comme l'incarnation du fils de Dieu dans la tradition chrétienne. **En France, Noël est célébré y compris par ceux et celles qui ne sont pas croyants.** La plupart des Français considèrent que Noël est une fête familiale ou commerciale. Le repas de Noël est donc festif, avec des mets traditionnels tels que la dinde aux marrons, des fruits de mer et du foie gras, et il se termine le plus souvent par une bûche de Noël. Il existe des spécificités régionales. Ainsi, le rituel des treize desserts, notamment les quatre mendiants (figues, amandes, noix et raisins secs), perdure en Provence. En Alsace, on fait divers gâteaux comme les *Christollen* ou les *Mannele*, qui sont des petites brioches traditionnelles, et du pain d'épices, parfumé avec de la cannelle, de la cardamome, des amandes et du miel. Les jours qui mènent du 24 décembre au 2 janvier constituent une immense parenthèse de festivités et de réjouissances ; on parle alors de la « trêve des confiseurs ».

b. L'organisation du repas, une activité genrée

C'est souvent à la femme, communément qualifiée de « maîtresse » de maison, que reviennent toutes les activités liées au repas. Dans les cultures traditionnelles, la femme est la mère nourricière, donc celle qui cuisine. On parle souvent des « recettes de nos grands-mères », de nos mères, plus rarement des recettes de nos grands-pères et de nos pères. **Les femmes, les mères prennent en charge la réalisation des repas** (le dressage de la table, la cuisine, la vaisselle…). Ce sont **elles qui, gèrent en grande majorité, la charge mentale de ces repas** *(→ voir corpus, document 1, p. 67)*. Celle-ci consiste à décider des menus pour la semaine, en prenant en compte les impératifs de santé et les préférences individuelles, mais aussi à trouver l'organisation nécessaire pour parvenir à préparer le repas à temps : quel menu pour quel repas de la semaine ? Quand, comment et où faire les courses *(→ voir corpus, document 3, p. 71)* ? À ce poids mental s'ajoutent des dimensions morales et émotionnelles, notamment la responsabilité de devoir bien nourrir la famille, afin d'être une « bonne » mère. Cette charge s'est déplacée au week-end pour la plupart des femmes et des mères de famille, qui doivent planifier les menus de la semaine. Si cette organisation des repas, incluant leur anticipation, peut permettre à des femmes de libérer du temps, celui-ci est souvent affecté à des activités professionnelles ou à d'autres charges parentales, et non à des loisirs personnels.

Pour les hommes, la situation est souvent différente. En effet, pour ceux qui cuisinent, il s'agit souvent de satisfaire un rapport épicurien à la nourriture et à la cuisine, de profiter d'un moment de détente. Le temps qu'ils passent en cuisine est alors vécu comme un temps et un espace pour eux-mêmes et non comme une contrainte. Le partage inégalitaire entre parents des tâches liées à l'alimentation mais aussi au soin des enfants a des effets sur les expériences alimentaires vécues par et avec les enfants. La mère reste celle qui prend en charge les repas au quotidien. Le père, a priori moins concerné, a une plus grande liberté d'action. Ces moments de partage avec lui s'avérant plus rares, l'enfant peut les valoriser. Le père est le **cuisinier du dimanche** qui associe volontiers l'enfant à la préparation des mets et propose plus fréquemment des produits qu'il aime.

En France, les femmes passent en moyenne entre 50 et 59 minutes par jour à s'occuper de la cuisine tandis que les hommes y consacrent entre 15 et 18 minutes. En vingt-cinq ans, le temps consacré par les femmes aux tâches ménagères a diminué de 20 % ; la part des hommes, elle, n'a pas augmenté. La baisse s'explique, entre autres par l'utilisation des fours à micro-ondes et le recours à la livraison de repas à domicile. C'est donc encore largement **la femme qui fait une double journée** (son activité professionnelle et le travail domestique) et sur elle que pèse la charge mentale des repas. Pour Nora Bouazzouni, autrice de l'essai *Faiminisme* *(→ voir corpus, document 2, p. 69)*, les femmes passent autant de temps (trente-quatre heures par semaine) à accomplir un travail domestique non rémunéré que les hommes en passent pour un travail rémunéré (trente-trois heures).

En revanche, les hommes sont très présents dans les **cuisines professionnelles**, où les femmes sont rares et ont beaucoup de mal à se faire une place. En effet, en France, 94 % des chefs sont des hommes. Alors que les femmes ont toujours pris en charge les repas en famille, ce sont les hommes qui, en devenant chefs, apparaissent comme les garants d'un savoir-faire et d'une tradition gastronomique. D'ailleurs, Pierre Bourdieu, dans *La Domination masculine* (1998), évoque la distinction entre le mot « cuisinier », qui renvoie au cuisinier en chef, et le mot « cuisinière », qui évoque la cuisine familiale, quotidienne, sans éclat.

Si la femme est celle qui s'occupe du repas au sein de la famille, elle est également celle qui reçoit, met en valeur sa famille. Enfin, dans certaines **sociétés traditionnelles**, les femmes, qui ont fait le repas, **s'occupent du service** et **ne mangent pas à la même table** que les hommes.

2. Le repas et la socialisation des enfants

Le moment du repas en famille constitue un espace de socialisation essentiel. C'est autour de la table que **l'enfant a l'opportunité d'observer et d'intégrer les codes, les rituels** qui façonneront son identité sociale. Dans ce cadre quotidien, il côtoie ses proches et assiste aux interactions entre les adultes de son entourage. Il assiste ainsi aux échanges et aux conversations qui lui permettent de comprendre les relations et les enjeux familiaux.

a. Être à table, c'est aussi apprendre les codes en vigueur

Cette place accordée aux échanges avec les enfants a évolué ; elle varie selon le contexte culturel et social, et d'une époque à l'autre.

Ainsi, jusque dans les années 1950, il était attendu que les enfants gardent le silence pendant les repas. Aujourd'hui, en France, le repas est un moment d'échange privilégié.

L'enfant va intérioriser progressivement les normes, les usages et les rituels inhérents à son milieu familial et culturel. La table familiale représente donc un véritable terrain d'apprentissage des codes sociaux qui guideront ses futurs comportements en société. De plus, l'enfant est amené à observer la répartition des rôles entre les différents membres de la famille. Il peut ainsi appréhender les attentes et les responsabilités associées à chaque position au sein du noyau familial. Cette compréhension des dynamiques relationnelles et des rôles sociaux contribue à forger son identité et sa perception des rapports humains. La table initie et introduit au monde de la famille, et plus largement à la société. Le repas est un moment où les enfants peuvent également s'exprimer. Ils parlent de la journée à l'école, des résultats obtenus ou des devoirs à faire.

La manière de se tenir, d'utiliser les couverts ou encore de se comporter à table fait l'objet d'une intégration des normes sociales en cours au sein de la famille. Si, dans certains milieux, on attend des enfants qu'ils aident à dresser la table, les parents exigent moins des enfants qu'ils ou elles participent aux tâches de la fin du repas (débarrasser et nettoyer).

b. Prendre son repas devant des écrans

Il arrive que le repas soit pris devant la télévision. L'écran n'empêche pas la commensalité si tous les membres de la famille regardent la même chose. Mais à mesure que les écrans se multiplient (ordinateurs, tablettes, smartphones) et que les choix de contenus à regarder s'individualisent, il est plus difficile de faire du repas un moment familial, un moment d'échange.

3. La déconstruction des rites de table

Les terrasses de café, petits théâtres urbains. Les terrasses de café, en ville, sont des lieux où l'on peut se rendre seul ou y retrouver des amis. On peut y consommer une boisson, un café ou manger. On y est un peu comme chez soi. Certains y ont leurs habitudes. Leurs rituels ne sont alors pas les mêmes que chez eux.

D'autres exemples de nouvelles « tables » induisent des comportements qui s'opposent aux rituels de table domestiques.

Les **bars *lounge*** proposent une ambiance décontractée, des menus souvent raffinés et de qualité – cuisine ethnique revisitée – et des prix élevés. On reconnaît le *lounge* à sa décoration, son style et son identité musicale, ainsi que sa dimension cosy. Les clients doivent être élégants, discrets.

Les cafés et restaurants branchés des grandes villes européennes proposent des **brunchs** somptueux, ciblant une clientèle à la recherche d'une certaine ambiance. Le brunch (association de *breakfast* et de *lunch*), très prisé, depuis une quinzaine d'années, dans les catégories socioculturelles supérieures, **déconstruit les codes traditionnels du repas dominical en famille**, et remplace la convivialité familiale par une commensalité amicale. Il **détourne les codes culinaires, distend la temporalité** des repas traditionnels du dimanche midi. Il procède aussi à des mélanges et **individualise les options alimentaires**. Le brunch, est un « grand petit-déjeuner » où tout type de plat trouve sa place : sucré, salé ; laitages, alcools ; entrées, desserts ; viandes et brioches ; salades et gâteaux. Le brunch est ouvert, accueillant, tolérant, multiculturel. Ce repas idéal est un condensé de l'air du temps. On y vient en principe à plusieurs, et chacun va prendre selon ses envies, ses besoins, en individualisant l'appropriation d'un repas convivial. Durant une bonne partie de la journée, le brunch abolit les rituels de table dominicaux en les remplaçant par une autre manière de manger et **une autre temporalité**. À l'ordre immuable du repas de famille traditionnel, avec son enchaînement de plats, il substitue une autre logique, épicurienne, lente, individualisée.

Je note les idées du chapitre à retenir

ZOOM

La vie est un long fleuve tranquille (1988), d'Étienne Chatiliez

Dans une maternité, une infirmière révèle que, douze ans plus tôt, pour se venger du médecin qui dirige alors le service, elle a interverti deux nouveau-nés. Les familles, victimes de l'échange sont très différentes. D'un côté, les Le Quesnoy mènent une vie bourgeoise, tandis que, d'un autre côté les Groseille vivent dans une HLM grâce à de petites combines. Les Le Quesnoy incarnent ce que seraient certaines valeurs morales (idéal de politesse, savoir-vivre...), mais cet idéal est souvent ridicule et les règles imposées sont désuètes (les enfants vouvoient leurs parents). Les Groseille, eux, sont spontanés, joyeux, turbulents. Leur joie de vivre les rend chaleureux, même s'ils vivent de larcins. À travers ces deux familles, le réalisateur réalise une satire sociale.

Comment s'appuyer sur ce film pour traiter le thème ?

Voir deux extraits du film : liennathan.fr/85x97c

Dans le premier extrait, Maurice, élevé par les Groseille, mange chez les Le Quesnoy, ses parents biologiques. Chez eux, la table est dressée de façon traditionnelle : nappe blanche repassée, assiettes en porcelaine blanche. On voit également comment les parents transmettent des règles de vie à leurs enfants (ne pas boire froid après avoir mangé un plat chaud pour éviter d'abîmer l'émail des dents, savoir présenter un plat). Les enfants ont également appris à « bien se tenir » à table en utilisant la fourchette et le couteau, et Maurice observe les autres pour ne pas commettre d'erreurs. Dans le second extrait, Maurice mange chez les Groseille. La télévision est allumée. Maurice et sa famille s'amusent, rient sans retenue et parlent tous en même temps, dérogeant aux règles traditionnelles de politesse.

Enrichir sa culture générale

Pour aller plus loin et illustrer votre copie d'exemples précis, explorez les sites accessibles ci-dessous et répondez aux questions.

liennathan.fr/4emt33

1. Quelle place prend-on à table ?

Lisez les trois premiers paragraphes de l'article et dites, dans notre quotidien, quelle place on prend à table.

liennathan.fr/iancqs

2. Les arts de la table

Ce site recense des textes littéraires qui présentent des scènes de table et précise que « l'écrivain s'attarde alors sur les arts de la table, plus que sur les mets savourés ».

Lisez les deux premiers extraits : celui de *La Curée* (1871) de Zola et celui du *Capitaine Fracasse* (1863) de Théophile Gautier). Précisez ensuite, pour chacun des textes, ce qui est mis en valeur.

Enrichir son lexique

Les synonymes : éviter les répétitions et nuancer son propos.

1) Quand on rédige une réponse à une question ou un essai, on évite les répétitions.
Pour cela, on peut chercher des **synonymes**, c'est-à-dire des mots qui ont un sens proche du terme utilisé.
Exemple
Synonymes du mot « cuisiner » : *faire ou préparer le repas, mitonner, faire cuire…*

2) Les synonymes et quasi-synonymes permettent également de nuancer son propos et permettent de préciser sa pensée.
En effet, les quasi-synonymes permettent de présenter des nuances.
Exemple
Les quasi-synonymes de « repas » apportent des précisions sur ce terme :
• *petit-déjeuner, déjeuner, dîner* indiquent à quel moment de la journée le repas est pris ;
• *festin, banquet, casse-croûte* indiquent le type de repas auquel on fait référence ;
• *gueuleton, frichti* sont des mots appartenant au registre familier alors que *mets, collation* appartiennent au langage soutenu.

Je complète la liste

Rédiger une réponse : répondre de manière argumentée et nuancée

Méthodologie

Rédiger les réponses aux questions impose le respect de principes de rédaction et d'organisation.

1. Développer des réponses argumentées

Il s'agit de montrer que les documents sont compris et de répondre aux questions **de façon argumentée et nuancée** en s'appuyant sur ces documents.

▶ Répondre à une question

Pour bien répondre à la question posée, il faut :
• reprendre les mots de la question ;
• faire référence de manière claire aux documents concernés par la question : on précise le titre,
– le nom de l'auteur ainsi que le genre du document,
– la première fois qu'on y fait référence ;
– ensuite, on peut donner le numéro du document ;
• rédiger intégralement la réponse.

▶ Organiser sa réponse

• La réponse est présentée sous la forme d'un **paragraphe organisé**.
Elle est rédigée à la 3e personne (on n'emploie pas le pronom « je »).

Aucun commentaire sur les idées reformulées ne doit être ajouté et on ne fait pas de référence à d'autres sources que les documents du corpus.

• Les réponses attendent la **confrontation des documents**.
Il s'agit donc de construire un **plan de réponse**.
Dans la mesure du possible, on n'étudiera pas les textes les uns après les autres.

• On laisse **un alinéa au début du paragraphe** et on ne va pas à la ligne avant la fin.

• La réponse est cohérente et elle comporte des **articulations logiques** (*car, mais, or…*).

2. Insérer les citations ou reformuler les idées des documents

▶ **On s'appuie sur les documents pour répondre aux questions.**
On peut soit **reformuler** les idées (c'est-à-dire exprimer l'idée du texte avec ses propres mots), soit les **citer**, quand il s'agit de textes.

▶ **On cite les textes entre guillemets** (et non pas entre parenthèses) car on rapporte des propos.

• Pour insérer ces citations, on peut utiliser des formules introductives telles que *on relève notamment…, ainsi le document 1 précise-t-il…*

• On peut aussi utiliser les deux-points.

• On peut également insérer les citations directement dans la phrase.

▶ **Exemple**
À rebours **(1884), de Joris-Karl Huysmans**
Dans ce roman, le personnage principal, des Esseintes, se retire du monde avec deux domestiques, dans une maison qu'il aménage après avoir vendu ses biens. Il cherche des repas qui ne le rendent pas malade.

> « À cinq heures, l'hiver, après la chute du jour, il déjeunait légèrement de deux œufs à la coque, de rôties et de thé ; puis il dînait vers les onze heures ; buvait du café, quelquefois du thé et du vin, pendant la nuit ; picorait une petite dînette, sur les cinq heures du matin, avant de se mettre au lit. »

Question : Qu'est-ce qui montre que le personnage a un appétit léger ?

Réponse : Le narrateur décrit un personnage qui mange très peu. En effet, il met en valeur la simplicité du déjeuner de des Esseintes en employant l'adverbe « légèrement », montrant ainsi que « deux œufs » constituent un repas très léger. Par ailleurs, le verbe « picorait », utilisé pour évoquer un repas d'oiseau, montre qu'il a très peu d'appétit. L'idée est encore renforcée par le mot « dînette » qui évoque les petits repas, vrais ou simulés, que les enfants s'amusent à faire entre eux.

3. Répondre de façon nuancée

Argumenter de façon nuancée signifie présenter des idées, des points de vue en prenant en compte la complexité d'un thème, d'un texte, d'un questionnement. On évitera les réponses trop tranchées et catégoriques.

Entrainement

Corpus de documents

Le repas, un enjeu de genre ?

Répondez aux questions concernant chaque texte avant de répondre aux questions sur le corpus.

→ Document 1

La Femme gelée (1981), d'Annie Ernaux

La Femme gelée *est un récit en grande partie autobiographique. La narratrice y raconte l'éducation peu conventionnelle qu'elle a reçue de ses parents qui la laissent grandir et s'épanouir sans contrainte ménagère. Pendant ses études, dans les années 1970, elle rencontre un garçon, qu'elle va épouser et, au fil du temps, la situation se transforme. Son mari n'est pas celui qu'il prétendait être et elle va s'effacer pour le valoriser et prendre en charge les tâches domestiques, et notamment les repas.*

Un mois, trois mois que nous sommes mariés, nous retournons à la fac, je donne des cours de latin. Le soir descend plus tôt, on travaille ensemble dans la grande salle. Comme nous sommes sérieux et fragiles, l'image attendrissante du jeune couple moderno-intellectuel. Qui pourrait encore m'attendrir si je me laissais faire, si je ne voulais pas chercher comment on s'enlise, doucettement. En y consentant lâchement. D'accord je travaille La Bruyère ou Verlaine dans la même pièce que lui, à deux mètres l'un de l'autre. La cocotte-minute, cadeau de mariage si utile vous verrez, chantonne sur le gaz. Unis, pareils. Sonnerie stridente du compte-minutes, autre cadeau. Finie la ressemblance. L'un des deux se lève, arrête la flamme sous la cocotte, attend que la toupie folle ralentisse, ouvre la cocotte, passe le potage et revient à ses bouquins en se demandant où il en était resté. Moi. Elle avait démarré, la différence. Par la dînette. Le restau universitaire fermait l'été. Midi et soir je suis seule devant les casseroles. Je ne savais pas plus que lui préparer un repas, juste les escalopes panées, la mousse au chocolat, de l'extra, pas du courant. Aucun passé d'aide-culinaire dans les jupes de maman ni l'un ni l'autre. Pourquoi de nous deux suis-je la seule à me plonger dans un livre de cuisine, à éplucher des carottes, laver la vaisselle en récompense du dîner, pendant qu'il bossera son droit constitutionnel. Au nom de quelle supériorité. Je revoyais mon père dans la cuisine. Il se marre, « non mais tu m'imagines avec un tablier peut-être ! Le genre de ton père, pas le mien ! ». Je suis humiliée. Mes parents, l'aberration, le couple bouffon. Non je n'en ai pas vu beaucoup d'hommes peler des patates. Mon modèle à moi n'est pas le bon, il me le fait sentir. Le sien commence à mon-...

…

ter à l'horizon, monsieur père laisse son épouse s'occuper de tout dans la maison, lui si disert, cultivé, en train de balayer, ça serait cocasse, délirant, un point c'est tout. À toi d'apprendre ma vieille. Des moments d'angoisse et de découragement devant le buffet jaune canari du meublé, des œufs, des pâtes, des endives, toute la bouffe est là, qu'il faut manipuler, cuire. Fini la nourriture-décor de mon enfance, les boîtes de conserve en quinconce, les bocaux multicolores, la nourriture surprise des petits restaurants chinois bon marché du temps d'avant. Maintenant, c'est la nourriture corvée.

Questions

1) Quelle est l'intention de l'autrice ?

2) De quelles informations dispose-t-on ?

3) Que raconte la narratrice ?

---→ Document 2

Télérama, 5 septembre 2017

Dans son essai, "Faiminisme, quand le sexisme passe à table", la journaliste Nora Bouazzouni ausculte un univers où le masculin domine.

Cette division genrée du travail s'exerce aussi dans nos cuisines occidentales, où la préparation des repas familiaux demeure une activité majoritairement féminine.

En France, le temps moyen quotidien consacré à la cuisine chez les personnes en couple ou sans enfants est de cinquante à cinquante-neuf minutes pour les femmes contre quinze à dix-huit minutes pour les hommes. Si, en vingt-cinq ans, le temps consacré par les femmes aux tâches ménagères a diminué de 20 %, la part des hommes, elle, n'a pas augmenté. La baisse s'explique simplement par l'utilisation des fours à micro-ondes, le recours à la livraison de repas à domicile.

La réalité est que les femmes passent autant de temps (trente-quatre heures par semaine) à accomplir un travail domestique non rémunéré que les hommes en passent pour un travail rémunéré (trente-trois heures). Si ce travail était rémunéré au Smic horaire, cela représenterait une production de richesse estimée à 635 milliards d'euros, soit 33 % du PIB de la France…

Les hommes sont en revanche très présents dans les cuisines professionnelles, où les femmes peinent encore à se faire une place…

En France, 94 % des chefs sont des hommes ! Qui ont tous une anecdote, liée à leur grand-mère ou à leur mère, à raconter quand ils évoquent leur vocation : « *les ravioles de ma grand-mère* », « *les bouchées à la reine de ma mère* ». Figures rassurantes qu'on retrouve d'ailleurs dans les rayons des supermarchés, à travers Mamie Nova ou Bonne Maman.

Les hommes apparaissent comme les garants d'un savoir-faire culinaire, d'une tradition, alors que dans la réalité, ce sont les femmes qui ont toujours fait à manger. Mais une femme qui cuisine un bœuf bourguignon pour sa famille, ça n'est pas prestigieux, c'est normal, elle est là pour ça…

Paul Bocuse, pourtant formé par les mères lyonnaises – ces cuisinières d'origine modeste installées à leur compte après avoir travaillé au sein de familles bourgeoises de Lyon – a un jour déclaré qu'il y avait la cuisine des grands chefs et la « *cuisine de bonne femme* ». Ce que décrit très bien Pierre Bourdieu dans *La Domination masculine,* quand il évoque la distinction entre le cuisinier et la cuisinière : « *Les mêmes tâches peuvent être nobles et difficiles quand elles sont réalisées par des hommes, ou insignifiantes et imper-*

ceptibles, faciles et futiles, quand elles sont accomplies par des femmes ; il suffit que les hommes s'emparent de tâches réputées féminines et les accomplissent hors de la sphère privée pour qu'elles se trouvent ennoblies et transfigurées. »

Questions

1) De quel type de texte s'agit-il ?

2) De quelles informations dispose-t-on ?

3) Que cherche à montrer la journaliste ?

4) Comment interpréter ses propos ?

⟶ Document 3

Questions

1) Quelle est la contextualisation de cette affiche ?

2) Comment peut-on interpréter cette affiche aujourd'hui ?

Questions sur le corpus

Rédigez vos réponses de manière argumentée et nuancée.

1. À la lumière des documents 1 et 2, montrez que la confection du repas est très genrée.

2. Quels liens établissez-vous entre les documents 1, 2 et 3 ?

Questions	Éléments de réponse
1.	
2.	

Consulter le corrigé

liennathan.fr/seoqej

Je teste mes connaissances sur le chapitre

liennathan.fr/7966ax

CHAPITRE 5

Qu'est-ce qui se joue pendant le repas ?

CONSTRUIRE SES CONNAISSANCES

Ce qu'il faut savoir

1. Le repas, un espace-temps codifié

Au-delà de l'alimentation, de nombreux autres aspects entrent en jeu lors des repas. Le repas est d'abord un **moment de partage**, comme le montre le tableau de Renoir, *Le Déjeuner des canotiers* *(→ voir corpus, document 3, p. 84)*. Ainsi, le repas est un événement social, car se réunir à table, c'est faire le choix d'un partage avec des amis, sa famille. Mais partager un repas, c'est en **respecter les codes** attendus. En effet, l'être humain a ritualisé son comportement à table et ces codes diffèrent d'une époque à une autre, d'un milieu à un autre.

Dans le roman de Flaubert, Emma Bovary est invitée, avec Charles, son mari, au château de la Vaubyessard, dans un milieu qui n'est pas le leur *(→ voir corpus, document 2, p. 83)*. Toute la soirée sera, pour elle, l'occasion de vivre au milieu d'une aristocratie qu'elle envie et désire fréquenter. Le moment du repas, entre autres, lui montre ce à quoi elle pourrait aspirer (mets rares et raffinés, vaisselle fine) si elle appartenait à ce milieu social. Elle observe et cherche à respecter ces nouveaux codes.

Ne pas respecter les codes d'un repas peut être perçu comme de la grossièreté. Dans « Gnathon », portrait des *Caractères*, La Bruyère critique le comportement glouton et sans gêne de celui qui est à l'opposé de l'honnête homme, tel qu'on l'entend au XVIIe siècle *(→ voir corpus, document 1, p. 82)*. En effet, il accapare le repas (il « se rend maître du plat, et fait son propre de chaque service »). Il a un côté animal, voire bestial (« il manie les viandes, les remanie, démembre, déchire » et « il mange tout haut ») et les autres en sont réduits à manger « ses restes ».

S'intégrer en respectant les codes d'un repas est souvent attendu dans le milieu professionnel, notamment lors de ce que l'on appelle communément les « repas d'affaires » où il s'agit de respecter certains protocoles. Comme le montre l'article des *Échos* *(→ voir corpus, document 4, p. 84)*, le repas est alors « un savant mélange d'échange d'idées et de séduction, où l'on honore son convive comme on étale sa puissance ».

2. La table, lieu de mise en scène

a. Voir et être vu à table

Historiquement, **la prise de nourriture et de boisson cohabite avec le spectacle vivant** (théâtre, mime, acrobatie, jonglerie, danse, etc.) dans des espaces prévus pour les banquets. Ce sont des événements, où le spectacle, le discours et la gastronomie s'entremêlent. À la fin du Moyen Âge (XVe-XVIe siècles), il y a deux obsessions : voir la nourriture, le repas et voir ceux qui mangent et la mise en scène du repas. C'est d'ailleurs ce que montrent certains tableaux comme *Nature morte avec coupe Nautilus* (1627), de Pieter Claesz, où **la nourriture est mise en scène**. Voir et être vu, c'est ce qui compte quand on est à table. Tout comme on va au théâtre pour voir et être vu, **on mange pour voir et être vu**. La royauté mangeait isolée, à des tables séparées ou même dans des salles à part. Cet isolement n'excluait pas pour autant la théâtralisation du rituel de la table royale ou princière. En France, au XVe siècle, le repas princier était mis en scène et observé par les spectateurs-convives, afin de montrer la puissance de l'État.

Plus tard, au XIXe et au XXe siècle, **le restaurant est un lieu où on se montre**. Ainsi, des restaurants comme *La Bonne Franquette* et *Le Grand Véfour* accueillent des artistes tels Pissarro, Cézanne, et *Les Deux Magots* est le rendez-vous de Simone de Beauvoir, Jean Cocteau et Ernest Hemingway dans les années 1950. Aujourd'hui, **c'est sur les réseaux sociaux qu'on se montre, et le restaurant est un lieu comme un autre pour se mettre en scène**.

b. La table et les rapports de force

▶ Le repas peut être une **arme symbolique**, permettant aux hôtes d'afficher leur richesse, leur puissance.

Dans l'extrait de *L'Éducation sentimentale* (1869), roman de Flaubert, le vicomte de Cisy, qui vient de faire un héritage et vit maintenant dans le luxe, organise un dîner. Ce dernier est l'occasion pour lui d'étaler sa richesse et de susciter la jalousie de ses invités.

Au cours de ce dîner, Cisy se montre arrogant, dénigrant tous les plats et maltraitant les domestiques. Flaubert nous montre qu'il ne suffit pas à la nouvelle classe bourgeoise d'avoir de l'argent, il faut qu'elle sache se conduire.

> À huit heures, on passa dans une salle éclairée magnifiquement et trop spacieuse pour le nombre des convives. Cisy l'avait choisie par pompe, tout exprès.
> Un surtout[1] de vermeil, chargé de fleurs et de fruits, occupait le milieu de la table, couverte de plats d'argent, suivant la vieille

1. Surtout : décoration placée au centre de la table.

mode française ; des raviers, pleins de salaisons et d'épices, formaient bordure tout autour ; des cruches de vin rosat frappé de glace se dressaient de distance en distance ; cinq verres de hauteur différente étaient alignés devant chaque assiette avec des choses dont on ne savait pas l'usage, mille ustensiles de bouche ingénieux ; et il y avait, rien que pour le premier service : une hure[1] d'esturgeon mouillée de champagne, un jambon d'York au tokay, des grives au gratin, des cailles rôties, un vol-au-vent Béchamel, un sauté de perdrix rouges, et, aux deux bouts de tout cela, des effilés de pommes de terre qui étaient mêlés à des truffes. Un lustre et des girandoles illuminaient l'appartement, tendu de damas rouge. Quatre domestiques en habit noir se tenaient derrière les fauteuils de maroquin.

▶ Dans le banquet qu'elle va donner dans *L'Assommoir* (1877), roman de Zola, quand elle aura gagné de l'argent, Gervaise va chercher à humilier les Lorilleux qui l'ont toujours maltraitée, et **à asseoir une puissance** les obligeant à capituler, tout en préparant leur revanche. En effet, quand Gervaise sera ruinée, ils la laisseront dans sa misère.

Gervaise, énorme, tassée sur les coudes, mangeait de gros morceaux de blanc, ne parlant pas, de peur de perdre une bouchée ; et elle était seulement un peu honteuse devant Goujet, ennuyée de se montrer ainsi, gloutonne comme une chatte. Goujet, d'ailleurs, s'emplissait trop lui-même, à la voir toute rose de nourriture. Puis, dans sa gourmandise, elle restait si gentille et si bonne ! Elle ne parlait pas, mais elle se dérangeait à chaque instant, pour soigner le père Bru et lui passer quelque chose de délicat sur son assiette. C'était même touchant de regarder cette gourmande s'enlever un bout d'aile de la bouche, pour le donner au vieux, qui ne semblait pas connaisseur et qui avalait tout, la tête basse, abêti de tant bâfrer, lui dont le gésier avait perdu le goût du pain. Les Lorilleux passaient leur rage sur le rôti ; ils en prenaient pour trois jours, ils auraient englouti le plat, la table et la boutique, afin de ruiner la Banban[2] du coup.

c. Recevoir quelqu'un à table

Inviter quelqu'un à sa table, c'est d'abord faire preuve **d'hospitalité**[3]. Depuis l'Antiquité, l'hospitalité est l'une des valeurs traditionnelles de l'Europe. L'hospitalité a pour fonction d'apporter des moyens de subsistance à celles et ceux

2. Hure : désigne la tête d'un poisson au museau allongé comme l'esturgeon.
2. Surnom donné à Gervaise par les Lorilleux.
3. Le terme « hôte » désigne, en français, à la fois celui qui invite et celui qui est invité.

qui en manquent, à se familiariser et à sociabiliser. La racine indo-européenne *ghos-ti* (qu'on retrouve dans l'anglais *guest*, l'allemand *Gast*, « invité », ou *Gastarbeiter*, « travailleur immigré »), donne le grec *xenos* (« extérieur, insolite, étranger ») mais aussi *hospes* (« hôte ») et *hostis* (« ennemi »). Cette étymologie souligne que quand on accueille un étranger, on ne sait pas s'il s'agit d'un hôte ou d'un ennemi. L'histoire de l'hospitalité est marquée par cette ambiguïté et par les décisions politiques et les lois successives. Inviter quelqu'un à sa table, c'est donc à la fois **prendre un risque** et **conclure un contrat social** qui permet d'ouvrir des négociations.

On retrouve cette tension dans les **rapports diplomatiques** où le repas joue un rôle essentiel dans les négociations. La « diplomatie culinaire » permet d'améliorer les relations entre diplomates et chefs d'État, mais également l'image d'un pays.

En France, parmi ces repas fastueux, on peut citer celui préparé à l'occasion de la visite de John et Jackie Kennedy, invités par le général de Gaulle en juin 1961, et au cours duquel ont été servis une « timbale de Joinville » et du « cœur de filet Renaissance » dans la galerie des Glaces, à Versailles…
Le 20 septembre 2023, le roi du Royaume-Uni, Charles III et son épouse Camilla, ont dîné dans la galerie des Glaces au château de Versailles à l'occasion de leur visite officielle en France. C'est un menu royal qui leur a été servi : homard bleu, volaille de Bresse, macaron à la rose.

3. Le repas de famille

a. L'importance du repas familial

Dans la culture occidentale, le repas de famille a une **importance symbolique majeure**. Il est enraciné dans trois références : le banquet de l'Antiquité gréco-romaine, le repas de la Sainte Famille, et la Cène du Christ et des apôtres. Bien au-delà de sa fonction alimentaire, le repas familial transforme les aliments en valeurs et l'acte de manger en normes sociales. Le repas de famille devient une **institution sociale** qui permet l'intégration des membres dans une mémoire familiale.

C'est au XIXe siècle que **le repas familial est institutionnalisé**, en France, par la bourgeoisie. La plupart des règles de table proviennent de cette époque : horaires, repas organisé en trois services (entrée, plat, dessert), famille regroupée autour de la table. Manger en famille obéit à des règles strictes quant à la tenue des membres de la famille, leur ponctualité et le respect des « bonnes manières ». Ces principes visent à structurer la vie familiale selon une certaine vision morale. Au centre de ce système, la mère de famille fait le repas. Cette organisation qui fait du repas un moment de cohésion familiale et de réussite sociale s'étend progressivement dans toutes les couches de la population, à partir du début du XXe siècle. **Le repas dominical devient un rituel adopté par de nombreuses familles.**

L'importance du repas familial trouve **un écho dans la publicité**, que ce soit lorsqu'elle met en scène une famille heureuse autour de la table ou quand des marques donnent à leurs produits alimentaires des noms à connotation familiale, comme les confitures Bonne Maman.

Aujourd'hui encore, malgré l'évolution de la famille, des mentalités, et les contraintes professionnelles, ce modèle est fortement intériorisé, même si l'on s'en éloigne avec une individualisation qui modifie les pratiques, chacun ayant tendance à manger ce qu'il veut, quand il veut.

b. Le repas de famille est aussi mis en scène au cinéma.

Le cinéma a su montrer comment le repas, notamment le repas de famille, met en scène des interactions sociales et des dynamiques souvent éprouvantes pour les personnages. *Un air de famille* (1996), film de Cédric Klapisch d'après la pièce de théâtre d'Agnès Jaoui et de Jean-Pierre Bacri, montre une famille qui se réunit chaque semaine, autour d'un repas, installant chaque fois, les mêmes dynamiques avec les mêmes discussions, les mêmes rancunes, les mêmes conflits : la préférence de la mère pour l'un de ses fils, la rupture d'un fils avec sa femme, l'insatisfaction de la sœur qui ne trouve pas sa place dans cette famille.
Le repas cristallise les tensions et, quand un conflit sourd ou éclate, les autres ne réagissent pas, comme si le repas obligeait à respecter les règles de bienséance, quoi qu'il advienne.

Dans *Festen*, film danois réalisé par Thomas Vinterberg en 1998, ce sont d'autres tensions qui mettent au jour un drame : l'inceste commis par un père sur un de ses fils que ce dernier, au cours d'un repas, va dénoncer. Les autres convives n'interviennent pas et reprennent leurs conversations alors que le fils a quitté la table.

ZOOM

La Bûche (1999), réalisé par Danièle Thompson

Suite au décès récent de son deuxième mari, Yvette est invitée au réveillon de Noël par les trois filles de son premier mariage avec Stanislas Roman, violoniste tsigane russe à la retraite. Celui-ci, très séducteur, cherche à rattraper le temps perdu. Pendant la préparation et au cours du repas, les révélations se succèdent et les trois filles découvrent, entre autres, qu'elles ont un demi-frère.

Comment s'appuyer sur ce film pour traiter le thème ?

Dans ce film, Danièle Thompson **montre les dynamiques en jeu dans un repas de famille**. Ce dernier met d'abord en lumière, à travers **les conflits** mais également **les non-dits**, les relations entre les membres de la famille, et notamment celles entre les trois sœurs. L'aînée est chanteuse dans un cabaret russe et vit avec son père, la deuxième est mère de famille et cherche à correspondre à l'image de la parfaite femme d'intérieur et la troisième, très diplômée, fuit sa solitude dans le travail. La préparation et le repas de Noël, où tout le monde est un peu à cran, sont l'occasion de **faire surgir les rancœurs et les mensonges accumulés** depuis des années. Malgré ces tensions, chaque membre de cette famille, tout en s'exprimant, essaie de comprendre les autres et manifeste son amour pour eux, révélant ainsi la **complexité des liens familiaux**.

Enrichir sa culture générale

Pour aller plus loin et illustrer votre copie d'exemples précis, explorez les sites accessibles ci-dessous et répondez aux questions.

liennathan.fr/iercbf

1. Le repas au cinéma : émission *Blow up*

a. Regardez le film de la minute 3:50 à 4:14 : qu'est-ce qui se joue dans les trois extraits de films (*The Party, Le Mouton enragé, La Belle et le Clochard*) ?

b. Regardez le film de la minute 5:57 à 7:08 et donnez trois titres de films où le repas, au cinéma, peut être un moment violent, voire macabre.

liennathan.fr/0kopek

2. Le repas au cinéma : *La Ruée vers l'or* (1925) de Charlie Chaplin

Regardez l'extrait de *La Ruée vers l'or.*

Charlot a invité à dîner une danseuse dont il est amoureux, et ses amies. En les attendant, il s'endort et rêve.

Qu'est-ce qui est touchant dans cette scène ?

liennathan.fr/dd7i5p

3. Le repas de famille : entretien avec Annie Ernaux dans *Repas de famille. Entretien avec Annie Ernaux* (2016)

a. Dans sa quatrième réponse, qu'est-ce qui montre que, pour Annie Ernaux, les repas de famille auxquels elle a assisté, enfant, étaient des moments festifs ?

b. Dans le même paragraphe, quelles fonctions essentielles le repas de famille joue-t-il, d'après elle ?

liennathan.fr/528as5

4. Le repas de famille : la mise en scène du repas familial dans les spots publicitaires

Regardez les dix premières secondes du premier spot publicitaire (*H20H !* Argentine) et dites quelle image de la famille y est présentée.

Voir corrigés p. 153

Enrichir son lexique

Dénotation et connotation des mots
La plupart des mots, quelle que soit leur classe grammaticale, ont un sens dénoté et un sens connoté.

Le sens dénoté	Le sens connoté
Le sens dénoté est le sens premier du terme, celui trouvé dans le dictionnaire. **Exemple** « bouffer » : verbe familier qui signifie « manger » (Le Robert).	Le sens connoté est le sens implicite du mot suivant le contexte dans lequel il est employé. Un mot peut recevoir plusieurs connotations. **Exemple** Le verbe « bouffer » signifie aussi manger de manière avide (synonyme de « bâfrer »).

Pourquoi s'attacher aux connotations d'un mot ?
Lire le sujet d'un essai, c'est **révéler les différents sens des mots-clé** de ce sujet. Or, si l'on saisit facilement le sens premier d'un terme, il est essentiel d'en comprendre les sous-entendus et de s'assurer que l'essai couvrira tout le champ du sujet.

ZOOM

C'est à vous !

Dans le sujet d'essai suivant, précisez quels sont les sens dénoté et connoté du groupe nominal « restauration rapide ».
Sujet :
Peut-on être à la fois gourmet* et apprécier la restauration rapide ?

Le sens dénoté	Le sens connoté

* Gourmet : personne qui apprécie les mets pour leur qualité.

Voir corrigés p. 144

S'ENTRAÎNER À L'EXAMEN

2e partie de l'épreuve – L'essai

Comprendre le sujet de l'essai

Le sujet de l'essai est, en principe, formulé sous la forme d'une question. Il peut être précédé d'une citation extraite d'un texte du corpus. **Dans un premier temps, il s'agira d'analyser ce sujet pour l'expliciter et s'assurer qu'il a été bien compris.**

Méthodologie

1. Relever les mots-clés

Il s'agit de **relever**, dans la question posée par le sujet, **les mots ou groupes de mots-clés** et de les mettre en relation.

▶ Exemple
Sujet 1 : Est-ce qu'on partage toujours les codes de celles et ceux avec qui on est à table ?

Vous répondrez d'une façon argumentée à cette question en vous appuyant sur les documents du corpus, vos lectures de l'année et vos connaissances personnelles.

Les **mots-clés** sont : « le partage », « codes » et « être à table ».

2. Étudier les mots-clés et lancer les idées

On commence par étudier ces mots, **en notant, au brouillon, les idées qu'ils suggèrent**.

Cette étape du travail est essentielle car :

• elle permet de faire le lien entre le sujet d'essai et le thème étudié au cours de l'année ;

• et elle évite de faire un hors sujet.

3. Faire le lien avec les documents du corpus et des questions étudiées au cours de l'année

La consigne demande de s'appuyer sur « les documents du corpus, vos lectures de l'année et vos connaissances personnelles ».
Il s'agit de faire le lien entre le sujet d'essai qui vous est soumis et l'une des problématiques liées au thème étudié en cours pendant la deuxième année, même si la formulation est différente.

Entrainement

Corpus de documents

Le repas, un moment de partage ?
Répondez aux questions concernant chaque texte.
Puis travaillez sur les mots-clés.

→ **Document 1**

« Gnathon », dans *Les Caractères* (1696), La Bruyère

Gnathon ne vit que pour soi, et tous les hommes ensemble sont à son égard comme s'ils n'étaient point. Non content de remplir à une table la première place, il occupe lui seul celle de deux autres ; il oublie que le repas est pour lui et pour toute la compagnie ; il se rend maître du plat, et fait son propre de chaque service : il ne s'attache à aucun des mets, qu'il n'ait achevé d'essayer de tous ; il voudrait pouvoir les savourer tous tout à la fois. Il ne se sert à table que de ses mains ; il manie les viandes, les remanie, démembre, déchire, et en use de manière qu'il faut que les conviés, s'ils veulent manger, mangent ses restes. Il ne leur épargne aucune de ces malpropretés dégoûtantes, capables d'ôter l'appétit aux plus affamés ; le jus et les sauces lui dégouttent du menton et de la barbe ; s'il enlève un ragoût de dessus un plat, il le répand en chemin dans un autre plat et sur la nappe ; on le suit à la trace. Il mange haut et avec grand bruit ; il roule les yeux en mangeant ; la table est pour lui un râtelier ; il écure ses dents, et il continue à manger.

Questions

1) Relevez les mots qui montrent que Gnathon est animalisé.

2) Quel est l'effet produit ?

→ **Document 2**

Madame Bovary (1857), de Gustave Flaubert

Emma Bovary et son mari sont invités au château de la Vaubyessard pour un bal annuel. Madame Bovary aspire à vivre dans un monde qu'elle a imaginé à travers ses lectures de romans. Elle est émerveillée par le luxe dans lequel vit cette société aristocratique et la vie mondaine à laquelle elle ne peut prétendre.

À sept heures, on servit le dîner. Les hommes, plus nombreux, s'assirent à la première table, dans le vestibule, et les dames à la seconde, dans la salle à manger, avec le marquis et la marquise. Emma se sentit, en entrant, enveloppée par un air chaud, mélangé du parfum des fleurs et du beau linge, du fumet des viandes et de l'odeur des truffes. Les bougies des candélabres allongeaient des flammes sur les cloches d'argent ; les cristaux à facettes, couverts d'une buée mate, se renvoyaient des rayons pâles ; des bouquets étaient en ligne sur toute la longueur de la table ; et, dans les assiettes à large bordure, les serviettes, arrangées en manière de bonnet d'évêque, tenaient entre le bâillement de leurs deux plis chacune un petit pain de forme ovale. Les pattes rouges des homards dépassaient les plats ; de gros fruits dans les corbeilles à jour s'étageaient sur la mousse ; les cailles avaient leurs plumes, des fumets montaient ; et, en bas de soie, en culotte courte, en cravate blanche, en jabot, grave comme un juge, le maître d'hôtel, passant entre les épaules des convives les plats tout découpés, faisait, d'un coup de sa cuillère, sauter pour vous le morceau qu'on choisissait. Sur le grand poêle de porcelaine à baguettes de cuivre, une statue de femme, drapée jusqu'au menton, regardait immobile la salle pleine de monde. Mme Bovary remarqua que plusieurs dames n'avaient pas mis leurs gants dans leurs verres. [...]
On versa du vin de Champagne à la glace. Emma frissonna de toute sa peau, en sentant ce froid dans sa bouche. Elle n'avait jamais vu de grenades ni mangé d'ananas. Le sucre en poudre même lui parut plus blanc et plus fin qu'ailleurs.

Questions

1) Soulignez les indices qui montrent qu'Emma et son mari participent à un dîner donné chez des aristocrates ?

2) Qu'est-ce qui montre qu'Emma n'est pas habituée à ce luxe ?

....

....

....

···→ Document 3

Le Déjeuner des canotiers (1880), de Renoir

Question

Qu'est-ce qui montre que les personnes qui participent à cette scène partagent un moment convivial ?

···→ Document 4

Savoir-vivre : l'art de maîtriser les codes

Au Japon, mieux vaut arriver dix minutes avant l'heure de rendez-vous fixée. Et en Russie, difficile d'échapper au verre de vodka. Dans le monde des affaires ou dans celui de la diplomatie, connaître les usages du savoir-vivre et des protocoles est un atout. C'est rarement inné mais cela s'apprend.

Conviée à un dîner d'affaires chez un – futur ? – partenaire avec son équipe, Laurence est désemparée. Doit-elle arriver pile à l'heure, ou quinze minutes en retard ? Sa robe n'est-elle pas trop stricte ? Est-ce une bonne idée d'apporter cette bouteille de vin ? Peut-elle faire la bise, comme à l'accoutumée, à ses collaborateurs devant son hôte ? À quel moment du repas pourra-t-on commencer à parler « boulot » ? De son côté, l'hôte s'arrache sûrement les cheveux avec le plan de table et sur ces fleurs au centre au parfum trop entêtant… Aurait-il dû demander à ses convives s'ils avaient des interdits alimentaires, au risque de paraître intrusif ? […]

« Une erreur ne pardonne pas », témoigne Mahib Hane. Quand il était le chef du protocole à la présidence sénégalaise, il pouvait se rendre à l'aéroport une heure et demie avant l'arrivée d'un invité de marque, le temps de coordonner le ballet des véhicules et de mettre en place une foule de petits détails : accueil des dignitaires selon leur statut, étapes de la cérémonie, composition du buffet, décoration, place de chacun sur la photographie officielle… Autant de choses qu'il vaut mieux ne pas improviser. Cela s'apprend.

Le repas est un savant mélange d'échange d'idées et de séduction, où l'on honore son convive comme on étale sa puissance. Il n'y a pas de bons pourparlers sans bon repas. « Donnez-moi de bons cuisiniers, et je vous donnerai de bons traités », se plaisait ainsi à dire l'évêque ministre et diplomate Talleyrand au siècle des Lumières. Célèbre pour sa longévité au pouvoir, il sut passer la Révolution et la Terreur, la période napoléonienne, la première et la seconde Restauration, la Monarchie de juillet…

Dans l'affaire, la mise en scène des mets a autant d'importance que leur qualité. Servir un grand classique de la gastronomie française dans une vaisselle luxueuse n'est pas anodin, et votre hôte se fera un plaisir d'observer vos réactions ou la manière dont vous tenez votre fourchette, révélatrice de votre éducation… Qu'on le veuille ou non, le repas est un test.

Fanny Guyomard, « Savoir-vivre : l'art de maîtriser les codes »,
Les Échos, 25 septembre 2020.

Questions

1) Que montre la série de questions posées dans le premier paragraphe de l'article ?

....

2) En quoi le repas d'affaires est-il un « test » ?

....

....

Le sujet de l'essai

Est-ce qu'on partage toujours les codes de celles et ceux avec qui on est à table ?

1. Relevez, dans l'intitulé du sujet, les mots clés : « le partage », « codes » et « être à table ».

2. Relevez les mots relevés et associez-les à des idées (travailler les connotations associées à ces mots).

3. Faites le lien avec des problématiques étudiées pendant l'année et les documents du corpus.

Complétez le tableau.

Mots-clés	Idées associées	Questions étudiées au cours de l'année	Liens avec les documents du corpus

Consulter le corrigé

liennathan.fr/utb9nu

Je teste mes connaissances sur le chapitre

liennathan.fr/bw305n

CHAPITRE 6

L'évolution de l'alimentation et des repas

CONSTRUIRE SES CONNAISSANCES

Ce qu'il faut savoir

1. Une standardisation de l'alimentation

a. L'alimentation transformée

▶ L'évolution de l'alimentation transformée

La transformation des aliments a longtemps été une tâche domestique effectuée manuellement. Les premières transformations (battage des céréales, mouture des grains ou pressage) ont servi à séparer les parties comestibles des non comestibles. **Les processus de transformation se sont mécanisés**, donnant naissance à des métiers spécialisés (meuniers, presseurs, sécheurs, abatteurs…) à différentes époques et dans divers endroits du monde. D'autres transformations (fabrication du pain à partir de la farine, raffinage des huiles brutes…) se professionnalisent dès l'Antiquité et font naître des métiers : boulangers, brasseurs…

La révolution industrielle a marqué un tournant significatif dans les techniques de transformation des aliments et, à partir du XXe siècle, c'est l'informatique et l'électronique qui ont favorisé l'émergence de l'**industrie agroalimentaire**. Le contrôle de la qualité sanitaire des aliments est devenu un enjeu majeur, et la découverte de la mise en boîtes de conserve en 1795 ainsi que l'invention de la machine frigorifique en 1858, ont révolutionné la conservation des aliments. D'autres technologies comme l'irradiation des aliments, la lyophilisation, les micro-ondes ou la congélation se développent au XXe siècle.

Parallèlement à ces progrès, l'industrie alimentaire a évolué, adoptant une approche de transformation en deux étapes. D'une part, on extrait des matières premières des composés comme les sucres, les farines ; d'autre part, ces composés sont assemblés pour créer des produits finis aux propriétés nutritionnelles ou de conservation nouvelles. Cette **reconstitution des aliments** s'accompagne de l'ajout d'**additifs**, qui en améliorent la texture, la couleur et le goût. On parle aujourd'hui d'« **aliments ultra-transformés** », qui dominent désormais l'offre alimentaire dans les pays à haut revenu.

Ces **produits industriels** sont présentés dans des **emballages sophistiqués** sur lesquels sont imprimés des informations et conseils partagés par les marques sur leurs sites ou plateformes. Cela permet de cibler des types de consommateurs (**enfants, seniors, sportifs...**), et d'envisager une alimentation personnalisée. Ainsi, dans le produit alimentaire issu de l'industrie, la matière première représente une part de plus en plus réduite de sa valeur finale. On peut prendre l'exemple du café. Au départ, on achetait du café en grains qu'on moulait soi-même, puis on a acheté du café moulu, du café lyophilisé et, aujourd'hui, on achète des dosettes de café ou des capsules ; on paie le produit de plus en plus cher et le producteur n'est pas davantage rémunéré.

▶ Reconnaître les aliments transformés

Des scientifiques brésiliens ont trié les aliments en fonction du type de transformation subie et de la présence d'additifs et de substances industrielles. Dans leur **classification NOVA**, les produits alimentaires sont classés en 4 catégories en fonction de leur transformation :

1. Les produits frais et bruts ou peu transformés (les légumes, les fruits, le poisson).

2. Les ingrédients culinaires comme le sel, l'huile, le poivre, les épices qui servent à préparer des repas.

3. Les produits bruts et tous les ingrédients bruts qui ont subi une transformation traditionnelle (fumage, salage, mise en conserve), comme le fromage ou le pain.

4. Les produits ultra-transformés : ce sont des formulations industrielles réalisées à partir de nombreux ingrédients qui peuvent être issus de produits des groupes précédents ou de procédés de fabrication industrielle auxquels s'ajoutent des additifs (colorants, arômes...).

En lisant les descriptifs des produits emballés, on peut identifier la plupart des aliments ultra-transformés. Environ 28 à 30 % des produits industriels en France ne sont pas ultra-transformés. Il y a donc des aliments industriels bien préparés. En cas de doute, on peut toujours consulter la base de données de l'association Foodwatch qui indique, pour chaque produit emballé, son groupe dans la classification NOVA.

Au vu des études reliant obésité et aliments ultra-transformés, un régime alimentaire qui contiendrait au moins 15 % de calories issues de produits ultra-transformés serait sans incidence sur la santé. Aujourd'hui, le régime alimentaire des Français est constitué en moyenne de **30 % à 35 % de produits ultra-transformés**.

b. La « malbouffe »

Le dictionnaire en ligne *Le Robert* définit ainsi la malbouffe : « Nourriture de qualité médiocre, produite industriellement. »

Cette alimentation industrielle, comme évoquée ci-dessus, nuit à la qualité et à la sécurité alimentaire (obésité, pollution…). Le terme « malbouffe » est l'équivalent de l'anglais *junk food,* pouvant se traduire par « déchet » ou « ordure ».

Le film *L'Aile ou la cuisse* (1976), de Claude Zidi, traite, de façon comique, de la malbouffe due à l'essor de l'industrie agroalimentaire dans les années 1970. L'histoire montre la rivalité entre, d'une part, la « gastronomie française traditionnelle et de qualité », défendue par Charles Duchemin, le directeur du guide gastronomique qui porte son nom et qui récompense les restaurants de qualité, et, d'autre part, la nourriture industrielle dont le fer de lance est l'industriel Jacques Tricatel. Cette comédie est un pamphlet contre l'alimentation industrielle et, plus largement, contre la société de consommation.

▶ Les effets de la malbouffe

En 2019, une enquête de l'OCDE montrait que les **maladies cardio-vasculaires et le diabète** sont responsables d'une mort sur trois dans le monde. Ces pathologies sont surtout liées à la consommation d'aliments ultra-transformés, autrement appelée « malbouffe » ***(➜ voir corpus, document 2, p. 100)***. L'augmentation de la consommation de ces aliments est due au lobbying exercé par l'**agro-industrie** sur les hommes et femmes politiques alors que l'obésité, les pathologies cardiaques et les cancers ont explosé ces cinquante dernières années et sont devenus un enjeu de santé publique. Il faudrait diminuer les plats industriellement préparés et cuisiner davantage, mais les poids lourds de l'agro-industrie s'opposent à ces préconisations et utilisent des stratégies d'influence mises au point par l'industrie du tabac.

▶ Les jeunes consomment-ils uniquement de la malbouffe ?

Les Français sont attachés à un modèle de repas traditionnel, centré sur la convivialité et le partage, mettant en avant les trois repas par jour et le classique entrée, plat, dessert. Cependant, les habitudes quotidiennes évoluent avec les nouveaux rythmes de travail et l'arrivée d'une nouvelle génération très connectée et sensible aux changements de la société.

Ces jeunes, nés après 1995, bouleversent le modèle des trois repas et préfèrent souvent les snacks. Par ailleurs, près d'un tiers des « repas » se font hors domicile, et les jeunes mangent beaucoup plus entre les repas que la génération précédente, les périodes de confinement ayant renforcé cette tendance.

À l'extérieur, la génération Z mange souvent au fast-food, tandis que les adultes des générations précédentes privilégient les restaurants plus traditionnels. Malgré une forte culture gastronomique, la France est le deuxième pays qui compte le plus de fast-foods, après les États-Unis. Cet engouement pour la restauration rapide vient d'abord du désir de s'émanciper du modèle familial. Par ailleurs, les plus jeunes sont les plus exposés au marketing de cette industrie alimentaire (20 % des publicités en ligne concernent des produits alimentaires dont la moitié affiche un NutriScore D ou E).

Pourtant, on relève un paradoxe : la génération née après 1995 est également sensible **aux discours sur les circuits courts, les produits frais et la préservation de l'environnement**. Les jeunes font également attention à leur santé. Certains adoptent de nouveaux régimes alimentaires « sans » (sans gluten, sans sucres ajoutés, sans nitrites, sans additifs) ou sont flexitariens (réduisant la consommation de viande) pour préserver la planète. Cette partie de la jeunesse, pour qui l'alimentation biologique fait partie intégrante du mode de vie, délaisse les fast-foods et cuisine davantage.

Dans cette frange de la jeunesse, la réduction de la consommation de viande, le flexitarisme, se répand massivement. 44 % des 18-24 ans seraient prêts à réduire leur consommation de viande, un chiffre deux fois plus élevé que chez les plus de 55 ans. Il s'agit souvent d'étudiants soucieux à la fois de faire des économies et de l'environnement. 11 % d'entre eux sont végétariens et un certain nombre ont choisi un régime végan (sans produit animal).

c. Des échanges mondialisés

Si la mondialisation des échanges s'est intensifiée depuis le XIXe siècle, elle existait déjà auparavant. Ainsi, au XVIe siècle, des produits comme la pomme de terre, la tomate et le maïs ont été ramenés d'Amérique latine en Europe, permettant aux Européens, aux Asiatiques, aux Africains de diversifier leur alimentation. Le petit-déjeuner européen avec son thé/café/chocolat et sucre montre bien que « le monde (est) dans nos tasses » (titre d'un essai de Christian Grataloup) depuis longtemps déjà *(→ voir corpus, document 3 p. 102)*. En Europe, à la fin du Moyen Âge, la cuisine bourgeoise et noble utilisait déjà une quinzaine d'épices comme le poivre, le clou de girofle et la noix de muscade.

d. L'essor du numérique et ses effets sur nos façons de manger

Depuis la fin du XXe siècle, le **numérique** transforme toutes les **étapes du système alimentaire**, de la production agricole jusqu'à la commande du repas sur une plateforme. L'essor du numérique se manifeste par la **commande en ligne** de produits alimentaires et de repas tout prêts. Cet engouement pour la livraison des repas à domicile est-il la manifestation d'une forme de paresse ?

D'après le sociologue Claude Fischler :

> « Dès les débuts de la transformation des aliments par l'homme, on peut considérer que la cuisson était déjà une manière de favoriser la "flemme" en matière de digestion. Derrière notre rapport à la cuisine, se joue la façon dont on utilise sa force de travail : il s'agit de s'épargner des efforts et du temps pour être beaucoup

> plus efficace dans la chasse et la cueillette. Dans l'histoire de l'alimentation, il y a une réorganisation constante de la manière de se procurer des aliments, de s'alimenter et de restaurer ses forces. »

« Derrière notre rapport à la cuisine, se joue la façon dont on utilise sa force de travail », propos recueillis par Catherine Quignon, *Le Monde*, 2 octobre 2022.

Depuis une trentaine d'années, on supprime des étapes dans le processus de transformation alimentaire, **et les confinements ont accéléré le phénomène.** Par ailleurs, le télétravail a entraîné un déclin de la restauration collective au profit d'une restauration commandée par Internet et livrée à domicile. Obligés de cuisiner des plats à emporter pendant la pandémie de Covid 19, des restaurateurs ont développé une activité consacrée exclusivement à la livraison de repas à domicile. Ces repas sont composés de plats standardisés et faciles à assembler (pizzas, hamburgers…). On appelle ces lieux de préparation *dark kitchens* (« cuisines fantômes »). Si la livraison de repas à domicile soulage celui ou celle qui prend en charge les repas, on doit garder à l'esprit qu'elle n'est pas neutre en matière d'environnement en raison des emballages et des modes de livraison qui sont souvent polluants (tels les scooters).

Par ailleurs, les commandes par Internet produisent de nouvelles pratiques d'achat. Elles permettent aux consommateurs d'accéder aux évaluations et commentaires en ligne d'autres utilisateurs, créant un effet boule de neige et incitant à ce type de consommation.

2. De nouveaux rythmes, de nouvelles expériences

En ville plus particulièrement, le rythme de vie a une influence forte sur notre façons de manger. En effet, on travaille souvent loin de son domicile et le **gain de temps** devient un critère important dans les pratiques alimentaires. Ainsi, les emplois du temps chargés, irréguliers (temps partiels subis, par exemple) entraînent-ils des prises de repas à des horaires bien loin de ceux des repas traditionnels. Cette **destructuration des repas** ***(→ voir corpus, document 1, p. 99)*** est liée au manque de temps qui pousse à **manger « sur le pouce »** des snacks, des sandwichs et autres wraps…
La vie urbaine encourage également les **restaurants éphémères** (ou restaurants *pop-up,* qui apparaissent et disparaissent tout aussi subitement). S'opposant au restaurant traditionnel, ce type de restaurant n'est pas permanent : il va durer un temps défini, un été, une saison. Ces restaurants éphémères s'installent souvent dans des lieux atypiques, dans des lieux exceptionnels comme certains bâtiments voués à la démolition. Ces lieux, tout comme les ***food trucks***, permettent à de jeunes cuisiniers de se faire connaître en proposant des formules que l'on ne trouve pas dans la restauration traditionnelle (repas à toute heure, mélanges de saveurs…).

Pour les gens particulièrement pressés, il arrive même que le repas soit remplacé par des **substituts de repas** liquides ou de simples barres nutritionnelles qui répondent à un besoin physiologique, bien loin de l'expérience culinaire.

3. Les enjeux écologiques de l'alimentation

En 2018, l'**empreinte carbone** moyenne d'un Français était estimée à 9,2 tonnes de CO_2, dont 22 % dus aux émissions de gaz à effet de serre (GES) liées à l'alimentation. En effet, la production de biens et services alimentaires comprend des activités consommatrices d'énergie : transports, procédés industriels, chauffage dans les bâtiments d'élevage, industriels ou commerciaux, cuisson... Au bout de la chaîne, les consommateurs qui font leurs courses, transportent les aliments, cuisinent, jettent des emballages, autant de gestes facteurs de pollution.

Par ailleurs, chaque kilo de viande produit émet ainsi 5 à 10 fois plus de gaz à effet de serre qu'un kilo de céréales. La raison à ce phénomène est qu'élever des animaux implique également de produire les aliments pour les nourrir.

Enfin, plus de la moitié (54 %) des émissions de gaz à effet de serre de notre alimentation se produisent sur le territoire national : émissions directes des ménages et émissions de la production intérieure (activités économiques installées sur le territoire national). 46 % des émissions sont associées aux importations. Ces émissions sont générées dans d'autres pays pour la production de biens ou de services (produits agricoles, biens alimentaires, énergie, équipements...) destinés au système alimentaire français.

Dans un rapport publié le 7 mai 2024, la Banque mondiale souligne que pour atteindre la neutralité carbone du secteur alimentaire, il faudrait multiplier par 18 les investissements annuels pour le climat dans le domaine agricole et alimentaire et transformer radicalement nos habitudes alimentaires :

> « Mais la bonne nouvelle, selon l'institution, est que l'argent est là – la somme à investir représente moins de la moitié des subventions publiques au secteur agricole. "Les subventions pour l'agriculture font clairement partie de la réponse, et leur réorientation ne signifie pas leur suppression mais de les dépenser de façon plus efficiente, de façon à augmenter la productivité", précise Alexander Lotsch, coauteur de ce rapport.
> L'autre bonne nouvelle, souligne la Banque mondiale, est que les bénéfices générés par ces investissements sont bien supérieurs aux coûts estimés : en termes d'emplois, de santé, de biodiversité, de sécurité alimentaire accrue, le retour sur investissement est évalué à seize pour un en 2030.
> La Banque mondiale promeut une approche différenciée selon les capacités financières des États. Pour les pays riches, l'enjeu est notamment de faire évoluer les régimes alimentaires des populations, dont la consommation de protéines d'origine animale surpasse de très loin la moyenne mondiale. Pour y parvenir, la Banque mondiale suggère de promouvoir davantage les protéines

végétales et d'intégrer, dans le prix des produits d'origine animale, leur coût environnemental.

Pour les pays à faibles et moyens revenus – ces derniers représentent à eux seuls les trois quarts des émissions mondiales de gaz à effet de serre liées à l'agriculture –, l'enjeu se situe surtout dans la préservation et la restauration des forêts, grignotées au profit de terres agricoles et de pâturage, estime la banque multilatérale. Pour stopper l'hémorragie forestière tout en augmentant la productivité agricole, l'institution appelle à développer l'agroforesterie. »

Mathilde Gérard, « La Banque mondiale appelle à "réorienter drastiquement" le système agroalimentaire mondial », *Le Monde* 7 mai 2024.

Je note les idées du chapitre à retenir

ZOOM

Super Size Me (2004), de Morgan Spurlock

Pour en savoir plus sur l'impact de ce que l'on appelle la « malbouffe », le réalisateur Morgan Spurlock, décide de mener sur lui-même une expérience : il ne mange que chez McDonald's pendant un mois et sera surveillé par trois médecins et un nutritionniste.
Il s'impose également les cinq règles suivantes :
1. manger ses trois repas quotidiens chez McDonald's ;
2. essayer chaque plat de chez McDonald's au moins une fois ;
3. ne manger que les aliments figurant sur le menu ; l'eau (en bouteille) étant au menu, il peut en boire ;
4. prendre l'option « *Super Size* » (taille maximum) chaque fois qu'on la lui propose ;
5. pratiquer la marche comme un Américain typique, soit près de 5 000 pas par jour.

Après vingt-et-un jours, il ressent des douleurs au thorax, symptôme de l'infarctus. Malgré les avertissements de ses médecins, il mène l'expérience à son terme. Il a pris 11 kg en trente jours, a abîmé son foie et son cholestérol a beaucoup augmenté. Il a mis quatorze mois à retrouver sa santé et son poids initial.

Comment s'appuyer sur ce film pour traiter le thème ?

Le documentaire, où le réalisateur est son propre cobaye, **livre une critique virulente de la restauration rapide**. Il interroge sur la **responsabilité** et montre que la corrélation entre les problèmes de santé et la consommation de plats ultra-transformés est moins du aux consommateurs de ces plats qu'aux industriels de l'agroalimentaire et de la restauration rapide.
Morgan Spurlock s'est inspiré de la poursuite intentée par deux adolescentes obèses contre McDo aux États-Unis. Le géant du burger s'est défendu en affirmant que la nourriture servie dans ses restaurants est saine et ne rend pas malade ; le juge a tranché en sa faveur.
Le réalisateur dénonce également les méthodes de commercialisation de l'enseigne qui incitent à manger plus et plus grand. En effet, pourquoi se contenter d'une petite portion de frites quand on peut acheter une portion *Super Size* ?

Pour voir une présentation du documentaire : **liennathan.fr/6dbu6p**

Enrichir sa culture générale

Pour aller plus loin et illustrer votre copie d'exemples précis, explorez les sites accessibles ci-dessous et répondez aux questions.

liennathan.fr/n8ref3

1. Cuisiner autrement

Lisez, dans l'article, le paragraphe intitulé « La tendance du batch-cooking » et expliquez cette façon de faire la cuisine.

liennathan.fr/0l6xw3

2. Comment réduire son empreinte écologique dans l'alimentation ?

Regardez la vidéo et donnez trois gestes qui permettent de réduire son empreinte écologique.

liennathan.fr/6dbu6p

3. *Super Size Me*

Regardez la présentation du documentaire *Super Size Me* réalisé par Morgan Spurlock (pour une présentation du film, voir la rubrique « Zoom » ci-dessus) et dites quels sont les effets du régime qu'il s'est imposé.

Voir corrigés p. 156

Enrichir son lexique

Les lieux de restauration

Que mange-t-on, que boit-on dans les lieux de restauration suivants ?

Reliez le mot à la définition correcte.

Un restaurant •	• Restaurant peu cher (terme vieilli).
Une brasserie •	• Service subventionné chargé de préparer et de distribuer les repas dans une collectivité ; les locaux qui l'abritent. À l'origine, le terme désignait un endroit où l'on vend des boissons, de la nourriture, de menus objets aux membres d'une collectivité (en prison le verbe « cantiner » signifie acheter de quoi améliorer l'ordinaire).
Un bistrot •	• Cabaret, lieu où l'on donne à boire.
Une auberge •	• Petit café, petit restaurant modeste.
Un estaminet •	• Restaurant spécialisé où l'on prépare les viandes rôties dans la salle de restauration.
Une taverne •	• Lieu où l'on peut se restaurer et/ou dormir.
Une gargote •	• Établissement public où l'on sert des repas moyennant paiement.
Un bouillon •	• Salle de café où l'on peut fumer et boire.
Une cantine •	• Débit populaire de boissons, notamment de bière, où l'on peut en outre manger des plats froids ou chauds (à l'origine, le mot désignait un établissement où l'on fabrique la bière).
Une rôtisserie •	• Restaurant très modeste ; à l'origine, le mot désignait un établissement où l'on consomme, où l'on vendait spécialement du bouillon
Un fast-food •	• Plat oriental composé de brochettes de viande, généralement de mouton, rôties à feu vif et fortement épicées.
Un kebab •	• Restauration rapide et standardisée de plats à manger sur place ou à emporter.

Voir corrigés p. 156

Formuler les thèses et les arguments

Méthodologie

L'essai demande une réflexion personnelle qui s'appuie sur des connaissances et une argumentation organisée.

1. Formuler des thèses

On distingue deux types de sujets.

a. Les sujets qui comportent une ou deux thèses (implicite ou explicite).

La thèse ou les deux thèses peuvent être suggérées dans l'énoncé du sujet. Il s'agit alors de les expliciter. Pour cela, on peut s'appuyer sur les documents du corpus proposé.

▶ Exemple
Sujet : Végétarisme, véganisme, pensez-vous que notre alimentation doive être repensée ?

Vous répondrez d'une façon argumentée à cette question en vous appuyant sur les documents du corpus, vos lectures de l'année et vos connaissances personnelles.

Thèses :
1. Certes, notre façon de manger aujourd'hui présente des avantages.
2. Il n'en reste pas moins que certains aspects de notre alimentation doivent être modifiés, en raison de nouvelles préoccupations.

b. Les sujets qui posent une question ouverte.

Dans ce cas, on attend du candidat qu'il propose une réponse explicative ou informative articulée autour de deux ou trois idées. **Il n'est pas question ici d'opposer deux points de vue, mais de présenter le sujet de la manière la plus complète possible.**

▶ Exemple
Sujet : Quelles sont les fonctions du repas dans nos sociétés ?

Vous répondrez d'une façon argumentée à cette question en vous appuyant sur les documents du corpus, vos lectures de l'année et vos connaissances personnelles.

Thèses :
1. Les fonctions alimentaires du repas.
2. Les fonctions sociales du repas.

2. Trouver des arguments

a. Qu'est-ce qu'un argument ?

Comment différencier l'argument d'une information ? d'un exemple ?

• Quand la thèse est formulée, il s'agit de trouver des arguments pour la soutenir.

• L'argument est subordonné à la thèse et sert à la justifier ; il peut être introduit par « parce que ».

• L'argument est plus large que l'exemple qui est concret, anecdotique (voir chapitre 7).

b. L'argument est subjectif

Il manifeste le point de vue du locuteur. Il est souvent accompagné de termes modalisateurs – ce sont des mots qui soulignent l'engagement du locuteur –(par exemple : *Cuisiner soi-même, avec des produits frais, est un enjeu de santé publique*).

c. Où trouver les arguments ?

• Dans les documents du corpus.

• Dans ses connaissances personnelles et celles acquises au cours des deux années de BTS.

d. Présenter l'argument

L'argument est développé dans un paragraphe et constitue, avec les exemples, **une sous-partie**.

▶ Exemple

Sujet : Doit-on craindre une uniformisation de nos façons de manger ?
Vous répondrez à cette question d'une façon argumentée en vous appuyant sur les documents du corpus, vos lectures de l'année et vos connaissances personnelles.

Thèses et arguments :
Formuler deux thèses et les arguments pour les défendre dans les documents du corpus, vos lectures de l'année et vos connaissances personnelles.

Thèse 1 : Certes, une forme d'uniformisation de nos façons de manger est à l'œuvre :
Argument 1 : On observe une standardisation de l'alimentation.
Argument 2 : De nouveaux modes de vie entraînent de nouvelles façons de manger.

Thèse 2 : Il n'en reste pas moins que si le temps à faire la cuisine a diminué, le repas reste un moment important :
Argument 1 : Les enjeux écologiques nous incitent à manger plus sainement et à cuisiner des plats variés.
Argument 2 : Le développement d'autres façons de manger qui permettent de varier les régimes alimentaires (véganisme…).

3. Construire une argumentation nuancée

Dans l'essai, on attend une argumentation nuancée. Celle-ci invite le candidat à proposer une argumentation équilibrée, présentant différents aspects d'une problématique.

Elle peut se présenter :
- **par des modalisateurs** qui permettent d'introduire dans l'énoncé une part de subjectivité : *peut-être, sans doute, il est vrai que ;*
- **sous la forme d'une concession :** *Certes… pourtant, S'il est vrai que… On pourra malgré tout…*

Entraînement

Corpus de documents

Alimentation, repas et vie moderne

Répondez aux questions concernant chaque texte avant de formuler deux thèses et les arguments pour les défendre.

→ **Document 1**

« Manger dans la rue. Approche anthropologique d'une pratique sociale impossible », de Denis Fleurdorge

La mode est aux *fast food*, à la *slow food*, aux *food truck*, voire aussi à la *junk food*. Il y a bien une sorte d'envahissement d'anglicismes, qui, au-delà d'une simple et apparente question de vocabulaire, témoigne des métamorphoses de « ce que manger veut dire ». Et même, si une certaine standardisation de l'alimentation et de la manière de manger (lieux de restauration) en a effacé les contours, on ne mange pas n'importe quoi, n'importe comment, n'importe où et avec n'importe qui. Manger ou se nourrir occupe une place fondamentale dans l'ensemble des actes sociaux les plus ordinaires en apparence et constitue un sens et un marquage social encore déterminant.
Dans notre modernité, souvent paradoxale, la nourriture se trouve tiraillée entre deux pôles contradictoires : d'un côté une forte industrialisation des produits alimentaires (agro-alimentaire), et de l'autre la recherche d'une authenticité et d'une autre manière d'être ensemble. Pour « l'homme blasé[1] des villes » […], la vie urbaine invite à la pluralité et à la déstructuration. Le temps des repas diminue, la consommation alimentaire devient rapide et on peut manger à toute heure. L'offre est pléthorique, pour ne pas dire …

1. Se dit de quelqu'un qui n'éprouve plus de plaisir.

démesurée, non seulement dans les aliments mais aussi dans les lieux et les manières thématiques de manger. Cet homme blasé, sait-il vraiment ce qu'il mange ? D'où viennent les aliments qu'il ingère ? Qui prépare ce qu'il mange ? Mais, il n'est pas forcément dupe et il vit dans une certaine hypocrisie consentie, car si parfois il se contente de produits alimentaires issus de la transformation industrielle, d'une nourriture aseptisée et sans saveur, parfois il exige du vrai, de l'authentique, du saisonnier, du local.

Sciences et actions sociales, 2021.

Question

En quoi la nourriture est-elle « tiraillée entre deux pôles contradictoires » ?

Document 2

« *Un monde obèse*, sur Arte : manifeste contre la malbouffe et les lobbys de l'agroalimentaire », par Pascale Santi

Sylvie Gilman et Thierry de Lestrade sonnent l'alarme sur l'épidémie d'obésité qui frappe toute la planète, dont la moitié des habitants seront en surpoids en 2030.
Le nombre de personnes obèses a presque triplé dans le monde depuis 1975. Deux milliards de terriens sont aujourd'hui en surpoids ou obèses, selon les données de l'Organisation mondiale de la santé (OMS). En 2030, la moitié de la planète sera concernée, dont 250 millions d'enfants. Avec une explosion du diabète, des maladies cardio-vasculaires, de certains cancers…
Sylvie Gilman et Thierry de Lestrade, couple de documentaristes connu pour ses réalisations sur la santé, livre des pistes pour expliquer ce qu'ils appellent « *une tragédie créée par l'homme* ». Si les causes de l'obésité sont multiples, il s'agit pour le tandem Gilman-Lestrade d'un échec collectif. « *Le problème n'est pas une question de volonté personnelle, si nous continuons à le*

croire, nous ne réglerons jamais cette épidémie d'obésité », avertit Elissa Epel (université de Californie), l'une des nombreuses expertes interrogées.

Les enfants, premières victimes

Les documentaristes lancent un cri d'alarme. Ils retracent ainsi l'évolution de l'alimentation depuis la fin des années 1970. Face à l'explosion des maladies cardiovasculaires, le gras est alors considéré comme responsable et vu comme un ennemi pour la santé. Conséquence : les céréales, riches en glucides, donc en sucres, constituent la nouvelle base d'une alimentation plus « saine ». Or, manger trop de sucre augmente le risque de prise de poids, de diabète, perturbe le microbiote, etc.

Ainsi le diabète touche-t-il plus de 500 millions de personnes dans le monde, et en tue près de 2 millions par an. « *C'est fréquent aujourd'hui de voir des enfants et adolescents touchés par un diabète de type 2* », constate Dean Schillinger, médecin à San Francisco et professeur de médecine à l'université de Californie à San Francisco.

Les aliments transformés ont aussi envahi les supermarchés. De nombreuses études montrent leurs effets néfastes sur la santé. Au fil du temps, l'industrie agroalimentaire a modifié son argumentaire : manger mieux est devenu « bouger plus ».

Autre alarme : les enfants sont les premières victimes. Au Mexique, où 72 % des habitants sont en surpoids, un médecin exerçant dans une clinique de l'obésité explique que la jeune génération sera la première à vivre moins longtemps que celle de ses parents. Dans ce pays, l'eau est plus chère que le soda, dont chaque habitant consomme 137 litres par an – un record mondial !

L'intérêt de ce documentaire est aussi de montrer les initiatives pour changer les comportements. Ainsi des jeunes de San Francisco, emmenés par Dean Schillinger, informent dans des clips sur les dangers de la malbouffe. À Clinton (Maryland), le pasteur Delman Coates a attaqué Coca-Cola pour publicité mensongère devant les tribunaux.

Autre combat, le Chili a adopté en 2016, non sans mal, un système de logos sur les emballages alimentaires interdisant aux produits les moins bien notés de faire de la publicité destinée aux enfants. Plusieurs produits ont été reformulés, avec moins de sucres, de sel… Et cela a entraîné des comportements plus vertueux. En Europe, le logo Nutri-score a été adopté par quelques pays, dont la France, mais n'a pas de caractère obligatoire.

Ce documentaire, manifeste contre la malbouffe et les lobbys de l'agroalimentaire, cible une urgence : que les gens reprennent le contrôle de leur assiette.

Le Monde, 22 novembre 2022.

Questions

1) Quels sont les effets des aliments transformés ?

2) Quelles sont les initiatives qui permettent de modifier les comportements en matière d'alimentation ?

Document 3

Un chemin de tables (2019), Maylis de Kerangal

Mauro, jeune homme de vingt ans, hésite entre des études de sciences économiques et la restauration. Adolescent à Aulnay-sous-bois, il prépare des repas, régale ses amis, et peu à peu ce passe-temps va devenir un métier. Le récit raconte ses expériences variées dans des restaurants étoilés, des brasseries, un restaurant familial et une cantine branchée.

Je le localise quelques mois plus tard chef de partie dans un restaurant trois étoiles du VIIe arrondissement, recruté par une star de la planète gastronomique, adrénaline en hausse et pression maximale, l'expérience l'intéresse, il cuisine des légumes que l'on fait pousser exprès pour le restaurant dans des potagers situés dans la Sarthe ou dans l'Eure, mais la tension qui règne en cuisine décidément ne lui convient pas, de même que les 1 500 euros par mois pour 70 heures par semaine. Il tient six semaines et s'arrache.
L'année qui suit, Mauro travaille régulièrement comme second dans un restaurant en vogue près de la Bourse, La Comète. Il s'y attarde. C'est une adresse en hausse dans le monde du fooding : le chef est jeune, médiatique, passé par une grande maison après l'école hôtelière, la cuisine est au goût du jour, influences scandinaves et produits bruts, approvisionnement chez de

petits producteurs triés sur le volet. Du bio et des circuits courts.
Soixante-dix couverts deux fois par jour. Le concept de La Comète inverse la marche du restaurant classique : il n'y a pas de carte fixe, ce sont les produits qui inspirent et déclinent les plats : à midi, un menu entrée-plat-dessert à 45 euros ou une carte blanche en 6 étapes à 75 euros, proposée le soir pour 140 euros avec les vins. L'architecture intérieure mise sur un espace décloisonné, sans séparation entre la cuisine et la salle, manière de rendre l'invisible visible, de convertir le travail en chorégraphie, en théâtre, et manière de le partager. Ambiance décontractée, élégance épurée, teintes neutres et beaux matériaux.
Je veux voir mon ami au travail, je me pointe un matin assister au service comme on vient assister à une représentation. L'équipe est jeune, mixte, internationale. L'ambiance en cuisine est détendue, plus rock, plus branchée.

Questions

1) En quoi le restaurant La Comète, où travaille Mauro peut-il être considéré comme « au goût du jour » ?

2) En quoi est-il réservé à une certaine clientèle ?

Le sujet de l'essai

Pour « l'homme blasé des villes […], la vie urbaine invite à la pluralité et à la déstructuration ».

En quoi cette affirmation peut-elle s'appliquer à l'alimentation et aux repas ?

À partir du sujet, complétez le tableau en formulant deux thèses ; en formulant deux arguments par thèse ; en précisant sur quels documents vous vous êtes appuyé pour trouver les arguments.

Thèses	Arguments	Source
Thèse 1 :	**Argument 1 :**	
	Argument 2 :	
Thèse 2 :	**Argument 1 :**	
	Argument 2 :	

Consulter le corrigé

liennathan.fr/bupveq

Je teste mes connaissances sur le chapitre

liennathan.fr/wviu2e

CHAPITRE 7

Les plaisirs du repas et de l'alimentation

CONSTRUIRE SES CONNAISSANCES

Ce qu'il faut savoir

1. Les plaisirs de la table

Manger constitue une expérience agréable qui procure du plaisir. Elle est affaire de **sensualité** et si la gourmandise constitue un des sept péchés capitaux pour l'Église catholique, c'est parce que la gourmandise touche aux sens, au charnel et au voluptueux.

a. Le plaisir de manger : manger ou bâfrer ?

Dans les sociétés occidentales, l'acte de manger et son rapport au plaisir se déclinent dans au moins deux cadres culturels distincts :

1. **L'ascétisme**, qui se concentre sur l'expérience spirituelle personnelle et rejette le plaisir, privilégiant la compassion et la mortification du corps au plaisir.
2. **L'hédonisme**, qui considère le plaisir comme une expérience positive, favorisant la communion et le partage.

Comme tous les plaisirs, celui de manger appartient au second.

Mais la notion de plaisir alimentaire varie selon les époques et les milieux et a connu des variations en matière de volupté ou de répression des conduites.

> « Ainsi, **les valeurs du plaisir de manger s'inscrivent dans la pensée morale et esthétique** qui conduit à un régime des plaisirs, un usage réglé, un bon usage. Cela suppose des **apprentissages** et une relation savante aux choses du goût, d'où la distinction classique entre le "gourmand" vulgaire, inculte, dominé par ses sens et le "gourmet" instruit des choses du plaisir. »

Anne Dupuy et Jean-Pierre Poulain, *Le Plaisir de manger,* books.openedition.org/editionscnrs/

Le **gourmand**, comme le glouton, mange de façon avide, parfois gloutonne, sans modération. Il recherche le plaisir immédiat procuré par une grande quantité de nourriture sans toujours s'attacher à la qualité. À l'inverse, le **gourmet** connaît la bonne chère, il porte une attention particulière aux saveurs, à la qualité des aliments et mange avec modération.

On fait la même différence entre les verbes « se régaler » et « bâfrer ». En effet, « se régaler » signifie manger avec plaisir un repas, en le savourant, sans excès, alors que « bâfrer » signifie engloutir, manger sans discernement toutes les nourritures et évoque le fait de manger sans retenue.

▶ **Dans la littérature**, on retrouve ces figures de celui qui mange, se régale et de celui qui bâfre (voir le portrait de "Gnathon" dans *Les Caractères* de La Bruyère, chapitre 5).

Ainsi, dans le récit de Rabelais, *Gargantua*, l'écrivain raconte l'histoire du géant Gargantua, fils de Grandgousier, et de son éducation. Le roman est à la fois une satire des abus de l'Église et de l'enseignement traditionnel médiéval de l'époque et un éloge de la culture humaniste. Gargantua se distingue par sa soif d'apprendre, mais aussi par son incroyable appétit. Enfant, il est autorisé à manger tout ce qu'il veut ***(→ voir corpus, document 1, p. 121)***. Pantagruel, son fils, est encore plus glouton :

> Un certain jour, vers le matin, que on le voulait faire téter une de ses vaches, il défit des liens qui le tenaient au berceau un des bras, et vous prend la dite vache par-dessous le jarret, et lui mange les deux tétins et la moitié du ventre avec le foie et les rognons, et l'eût toute dévorée, n'eût été qu'elle criait horriblement, comme si les loups la tenaient aux jambes : auquel cri, le monde arriva, et ôtèrent la vache à Pantagruel ; mais ils ne surent si bien faire que le jarret ne lui en demeura comme il le tenait, et le mangeait très bien, comme vous feriez d'une saucisse. Et quand on lui voulut ôter l'os, il l'avala bientôt, comme un cormoran un petit poisson.

Rabelais, *Pantagruel* (1534)

À l'inverse, Proust, dans *Du côté de chez Swann,* décrit un repas soigneusement préparé, organisé par Françoise, la cuisinière ***(→ voir corpus, document 2, p. 122)***. Les convives dégustent, se délectent des mets présentés.

Dans le roman de Muriel Barbery, *Une gourmandise* (2000), le narrateur, un critique culinaire, considéré comme le plus grand de tous les temps est sur le point de mourir. Il se remémore les expériences gustatives marquantes de sa vie. À la fin du roman, il se rappelle le plaisir qu'il a eu à manger des chouquettes. Il présente cette expérience comme une expérience totale où tous ses sens sont sollicités : la vue (« dans leur plastique transparent »), le goût (« le sucre »), le toucher (« l'effleurement »)... La sensation éprouvée est telle que le narrateur a recours à un lexique de la sensualité, voire de la sexualité.

« Elles m'attendaient dans leur plastique transparent [...]. On a beaucoup écrit sur la première bouchée, la deuxième et la troisième. On a dit beaucoup de choses justes à ce sujet. Toutes sont vraies. Mais elles n'atteignent pas, et de très loin, l'ineffable de cette sensation-là, de l'effleurement puis du broyage de la pâte humide dans une bouche devenue orgasmique. Le sucre imbibé d'eau ne croquait pas : il cristallisait sous la dent, ses particules se dissociaient sans heurt, harmonieusement, les mâchoires ne le cassaient pas, elles l'éparpillaient en douceur, dans un indicible ballet fondant et croustillant. La chouquette adhérait aux muqueuses les plus intimes de mon palais, sa mollesse sensuelle épousait mes joues, son élasticité indécente la compactait immédiatement en une pâte homogène et onctueuse que la douceur du sucre rehaussait d'une pointe de perfection. Je l'avalais rapidement, parce qu'il y en avait encore dix-neuf autres à connaître. Seules les dernières seraient mâchées et remâchées avec le désespoir de la fin imminente. »

Muriel Barbery, *Une gourmandise*, Gallimard, 2000.

▸ La représentation du plaisir de manger dans la peinture

Noce paysanne **(1569), de Pieter Brueghel l'Ancien**

Le peintre a représenté une noce paysanne. Les convives mangent et boivent même si les mets sont très modestes : pain, soupe et vraisemblablement gruau. Le vin coule à flots, comme on le voit en bas à gauche, et deux musiciens s'apprêtent à jouer de la cornemuse. L'atmosphère est à la fête même si les visages ne sont pas très souriants.

***Les Sept Péchés capitaux et les Quatre Dernières étapes humaines*, de Jérôme Bosch** début du XVIe siècle. Détail du tableau de Jérôme Bosch : le péché de gourmandise

À l'inverse, ici, le plaisir de la gourmandise est condamné car c'est un péché. Le tableau de Jérôme Bosch est composé de quatre petits cercles, représentant la « Mort du pécheur », le « Jugement dernier », l'« Enfer » et la « Gloire », qui entourent un cercle plus grand représentant les sept péchés capitaux : la colère, l'envie, l'avarice, la gourmandise, la paresse, l'extravagance (plus tard, la luxure) et l'orgueil. Ces péchés sont représentés dans des scènes de la vie quotidienne.

▶ La représentation du plaisir de manger au cinéma

Dans *Soleil vert*, film de science-fiction réalisé par Richard Fleischer, sorti en 1973, on découvre un monde où les humains ont épuisé les ressources naturelles, les océans disparaissent, la canicule est présente toute l'année. La situation conduit l'humanité à la catastrophe : pauvreté, surpopulation et euthanasie volontaire. On a créé un nouvel aliment, le « soleil vert », distribué par l'entreprise Soylent qui gère la distribution alimentaire. Il s'agit d'un aliment pré-conditionné sous forme de tablettes et qui parvient à nourrir une population miséreuse et sans défense face à la toute puissance de cette industrie. Dans l'extrait suivant, Frank Thorn, le héros, partage avec un autre personnage un « vrai » repas, simple mais qu'il prend le temps de déguster.

Extrait de *Soleil vert*

liennathan.fr/rprk3u

À l'opposé et sur un mode comique, **Charlie Chaplin, dans *Les Temps modernes* (1936)**, dénonce les chaînes de production qui obligent les ouvriers à travailler toujours plus vite. Au début du film, alors que Charlot est ouvrier à la chaîne dans une usine, on lui fait essayer, contre son gré, une « machine à nourrir ». C'est une véritable scène de torture à laquelle le personnage est soumis, s'opposant au plaisir que l'on prend, habituellement, à manger.

Extrait des *Temps modernes*

liennathan.fr/cw0qkk

▶ La représentation du plaisir de manger dans la BD

La gourmandise d'**Obélix**, personnage de la série des aventures d'Astérix en bande dessinée, est légendaire. Il aime tout particulièrement les sangliers et, lors des festins, il engloutit d'énormes quantités de nourriture. Son appétit est insatiable, il passe son temps à manger et à réclamer de la nourriture. Cet amour de la bonne chère est associé à une grande joie de vivre.

b. Les repas et les boissons

Le repas gastronomique français est souvent **accompagné de vins**. L'association d'un vin avec un plat a évolué au cours des siècles. Sous l'Ancien Régime, le vin est coupé d'eau et Louis XIV ne déroge pas à cette habitude car boire du vin pur était alors signe d'ivrognerie. Aujourd'hui, on boit le vin pur. Par ailleurs, la règle qui voulait que le vin rouge accompagne viandes rouges et fromages et le vin blanc, les poissons, est remise en question. Il y a aujourd'hui plus de liberté sur les boissons à consommer à table.
Dans les grands restaurants, celui qui conseille les clients dans le choix du vin est le sommelier.

c. Le plaisir de la belle table

L'Unesco a classé le « repas gastronomique des Français » dans le patrimoine culturel immatériel de l'humanité. Il s'agit moins de la gastronomie que de nos pratiques, la façon d'organiser les repas, c'est-à-dire de prendre plaisir à s'asseoir à table, manger, partager un repas.
Tous les sens contribuent au plaisir de manger : le goût mais également la vue, l'odorat, le toucher, l'ouïe.

▶ Le dressage de la table

Une table bien mise fait partie des plaisirs de la table. **Dresser une belle table est l'un des préparatifs du repas**. Le soin apporté à l'agencement de la table montre l'envie, pour ceux qui reçoivent, de faire plaisir à ceux qu'ils ont invités. Ainsi, si, pendant longtemps, on n'a pas mis de verres devant les convives, le savoir-vivre impose, depuis le XIXe siècle, dans les milieux les plus aisés, une panoplie de verres : un verre pour chaque type de vin, le verre à eau, la coupe à champagne. Il existe également des couverts différents pour chaque mets : viande, poisson, fromage…

Dans les romans de la seconde moitié du XIXe siècle, les écrivains qui s'attachent à décrire certains repas s'attardent autant sur la façon dont la table est dressée que sur les mets : la vaisselle, les éléments de décoration… C'est ce que montre l'extrait du roman de Zola, *La Curée*.

> Entre ces pièces principales, les réchauds, grands et petits, s'alignaient symétriquement, chargés du premier service, flanqués par des coquilles contenant des hors-d'œuvre, séparés par des corbeilles de porcelaine, des vases de cristal, des assiettes plates, des compotiers montés, contenant la partie du dessert qui était déjà sur la table. Le long du cordon des assiettes, l'armée des verres, les carafes d'eau et de vin, les petites salières, tout le cristal du service était mince et léger comme de la mousseline, sans une ciselure, et si transparent qu'il ne jetait aucune ombre.

Émile Zola, *La Curée*, 1872.

La décoration de la table est à la mesure de la richesse, du prestige de ceux qui reçoivent. Il existe ainsi un accessoire qui fait son apparition sur les tables au XVIIe siècle et surtout au XVIIIe siècle : le « surtout de table », décoration en argent massif placée au centre d'une table, soit pour des raisons esthétiques, soit pour y disposer des aliments.

Le 18 juillet 1668, un festin est offert à l'emplacement du futur bassin de Flore, dans une grande salle octogonale en treillage dont le dôme est ouvert sur le ciel. Au centre de la table est installé un grand buffet orné d'une fontaine et de vaisselle d'argent. On voit, grâce à cette gravure, le faste d'un festin à Versailles : immenses candélabres, un surtout au centre de la table, guirlandes de fleurs….

Jean Lepautre (graveur), Jean Bérain (dessin),
***Festin donné dans le petit parc de Versailles*, 1678**

liennathan.fr/xw9q9m

Le service à la française. Dès le Moyen Âge, les banquets des seigneurs sont très organisés. Plusieurs plats arrivent en même temps sur la table : les potages, les rôtis, les entremets. Les convives ne mangent que ce qui est devant eux. Ce service « à la française » est réputé à l'étranger, mais il a été progressivement remplacé par le **service « à la russe »** (ce serait l'ambassadeur de Russie en France qui l'aurait introduit) à partir de 1810. Les plats sont désormais servis les uns après les autres et cette organisation deviendra la norme.

▶ Pour un point sur la gastronomie, voir le chapitre 3, rubrique « Enrichir sa culture générale », p. 47.

2. Le plaisir de manger dehors

a. Le restaurant

L'idée de restaurant connaît des bouleversements avec le développement de nouvelles façons de se restaurer : le « *click and collect* », les « *dark kitchens* »... Le mot « restaurant », avec le sens que nous lui connaissons aujourd'hui, a été validé par l'Académie française en 1835. Jusqu'au XVIIIe siècle, manger à l'extérieur était une activité réservée aux voyageurs qui mangeaient dans des tavernes ou des auberges sur des tables collectives. Le repas qui consistait souvent en un plat unique était fait pour rassasier, pas pour régaler.

En 1765, Mathurin Roze de Chantoiseau ouvre le premier restaurant dans le quartier du Louvre à Paris. Il propose des **tables individuelles** et des plats à choisir sur **un menu**. Roze de Chantoiseau n'est ni cuisinier ni gastronome, c'est un économiste qui voit dans l'ouverture de ce restaurant le moyen d'abolir les privilèges de l'Ancien Régime. Il grave sur sa devanture une phrase biblique en latin : « Venez à moi, ceux dont l'estomac souffre, et je vous restaurerai. » Alors que, jusque-là, les gens mangeaient dehors parce qu'ils n'avaient pas d'autres choix (voyageurs, travailleurs obligés de manger sur leur lieu de travail...), les restaurants vont attirer des personnes qui vont manger hors de chez elles pour le plaisir. Les premiers restaurateurs proposent des plats qui, au XVIIIe siècle, sont considérés comme faciles à digérer : œufs durs, gâteau de riz, pâtes sans sauce avec beaucoup de beurre et dont on disait que la couleur claire possédait des vertus bénéfiques pour la santé.

Le nombre de restaurants explose et Paris compte un grand nombre d'enseignes renommées à la veille de la Révolution. Lorsque celle-ci survient, beaucoup de cuisiniers au service de la cour ou de la haute noblesse s'installent à leur propre compte dans les galeries du Palais-Royal, lieu alors à la mode. Le nombre de restaurateurs à Paris augmente – une centaine avant la Révolution, près de 3 000 sous la Restauration –, et les restaurants s'imposent en France comme les lieux par excellence du bien manger en dehors de l'espace domestique.

b. Les « autres tables »

Manger à l'extérieur de chez soi est également l'occasion de goûter de de nouvelles saveurs, qui appartiennent à d'autres cuisines que celle qu'on connaît.

Dans les grandes villes, l'évolution des goûts, qui fait la part belle aux plats exotiques, se manifeste par la multiplication des restaurants de cuisine étrangère. L'attrait pour les cuisines du monde provient d'un déclin des fast-foods au profit de la restauration dite « ***street food*** ». Cette cuisine de la rue connaît un succès grandissant depuis une vingtaine d'années et s'est progressivement transformée en cuisine gastronomique. Par ailleurs, les Français, parce qu'ils voyagent, sont contents de retrouver des saveurs qu'ils ont découvertes et une cuisine authentique. Les cuisines ethniques qui connaissent le plus de succès actuellement sont celles qui viennent d'Asie, d'Afrique, des pays méditerranéens et d'Amérique du Sud.

3. Les aliments et la mémoire

Les aliments peuvent être de puissants déclencheurs de souvenirs agréables. L'épisode le plus connu dans la littérature française et celui de la « madeleine de Proust ». Dans l'extrait suivant, Proust décrit un phénomène de mémoire involontaire. En effet, adulte, il déguste une madeleine qui va faire surgir chez lui un souvenir, celui de l'habitude qu'il avait, enfant, d'aller dans la chambre de sa tante Léonie et de goûter des madeleines trempées dans son thé.

> [...] un jour d'hiver, comme je rentrais à la maison, ma mère, voyant que j'avais froid, me proposa de me faire prendre, contre mon habitude, un peu de thé. Je refusai d'abord et, je ne sais pourquoi, me ravisai. Elle envoya chercher un de ces gâteaux courts et dodus appelés Petites Madeleines qui semblent avoir été moulés dans la valve rainurée d'une coquille de Saint-Jacques. Et bientôt, machinalement, accablé par la morne journée et la perspective d'un triste lendemain, je portai à mes lèvres une cuillerée du thé où j'avais laissé s'amollir un morceau de madeleine. Mais à l'instant même où la gorgée mêlée des miettes du gâteau toucha mon palais, je tressaillis, attentif à ce qui se passait d'extraordinaire en moi. Un plaisir délicieux m'avait envahi, isolé, sans la notion de sa cause. [...] Et tout d'un coup le souvenir m'est apparu. Ce goût, c'était celui du petit morceau de madeleine que le dimanche matin à Combray (parce que ce jour-là je ne sortais pas avant l'heure de la messe), quand j'allais lui dire bonjour dans sa chambre, ma tante Léonie m'offrait après l'avoir trempé dans son infusion de thé ou de tilleul. La vue de la petite madeleine ne m'avait rien rappelé avant que je n'y eusse goûté [...].

Proust, *La Recherche du temps perdu*, « Du côté de chez Swann », 1913.

La **boisson** peut également provoquer des **réminiscences**. Dans son recueil de chroniques gastronomiques, *Un sacré gueuleton* (2017), l'écrivain américain Jim Harrison évoque ses repas dans des restaurants français. Il parle également beaucoup des boissons qui les ont accompagnés.

> « Le vin est le terreau des souvenirs. Quand je bois un Brouilly dans le Montana, ce cru m'évoque inévitablement le Select à Montparnasse où j'ai bu ce même vin des dizaines de fois en essayant de me remettre d'une journée d'interviews lors d'une tournée promotionnelle parisienne. Lorsque je bois une bouteille de Bandol Domaine Tempier dans notre casita proche de la frontière mexicaine, je me rappelle invariablement les innombrables repas préparés par Lulu Peyraud à Bandol dans le sud de la France.
>
> Ma mémoire m'aide à les manger à nouveau. Si je bois un Bouzeron par une chaude soirée estivale, je suis capable de revivre certains de mes meilleurs moments de pêche à la truite, quand nous voguions sur une merveilleuse rivière où nous entamions les deux derniers kilomètres de nos balades en barque en ouvrant une bouteille de Bouzeron. Nous sommes délicieusement piégés par nos souvenirs. »

4. La socialisation des enfants et le plaisir de manger

Ce n'est qu'à la fin des années 1970 que la psychologie a commencé à s'intéresser aux fonctions sociales du plaisir et à son importance dans le développement de l'enfant.

En matière alimentaire, les enfants sont soumis à plusieurs influences provenant des parents, de la famille, des amis ou du milieu scolaire, mais également des médias. Ces derniers, avec les émissions pour enfants et la publicité, qui encouragent certaines pratiques de consommation, sont de vrais prescripteurs. **Le plaisir alimentaire permet aux enfants d'adopter des codes sociaux et culturels d'un groupe** en particulier. Mais il leur permet aussi de **s'écarter ponctuellement** de ces normes établies, de se les réapproprier, se forgeant ainsi leur propre identité tout en s'affirmant en tant que tel au sein du groupe ***(→ voir corpus, document 3, p. 123).***

Je note les idées du chapitre à retenir

ZOOM

Le Festin de Babette (1987), dev Gabriel Axel

Au XIXe siècle, dans **un petit village au Danemark**, un pasteur règne sur sa paroisse de façon autoritaire. Il a deux filles et refuse qu'elles se marient. Trente-cinq plus tard, le pasteur est mort et les deux sœurs sont restées célibataires. Elles accueillent une cuisinière française, Babette qui a échappé à la répression de la Commune. Celle-ci gagne au loto et prépare un festin français pour les deux sœurs et les autres paroissiens pour l'anniversaire de la mort du pasteur.

Comment s'appuyer sur ce film pour traiter le thème ?

Alors que les habitants du village mangent, depuis toujours, des repas très simples, composés de pain et de poisson, le festin préparé par Babette est composé de plats variés, riches, rares. **La présentation des mets et des boissons, leurs couleurs, leurs parfums et leurs goûts s'opposent à la répétition monotone des repas quotidiens.** Par fidélité aux préceptes très rigides du pasteur qui avait pour ambition d'éradiquer toute forme de péché, notamment ceux liés à la chair, les paroissiens invités au repas s'interdisent de jouir du festin. Mais **le repas et le plaisir les transforment** et les goûts, les saveurs, l'ivresse réconcilient le corps avec le plaisir, et les querelles entre eux s'éteignent. La découverte de mets inconnus et la jouissance des sens réconcilient les convives entre eux.

Babette officie comme un maître de cérémonie. En effet, elle a choisi les ingrédients et elle élabore une suite de mets et de boissons, une succession de saveurs, de textures, de parfums. Les mets et boissons sont présentés et dégustés dans des plats et des verres spécifiques, dans un ordre précis.

Enrichir sa culture générale

Pour aller plus loin et illustrer votre copie d'exemples précis, explorez les sites accessibles ci-dessous et répondez aux questions.

liennathan.fr/bh5zo6

1. Manger hors de chez soi

Regardez la vidéo jusqu'à 1:45 et dites si les affirmations sont vraies ou fausses.

a. En France, cela fait très longtemps que l'on a l'habitude de manger hors de chez soi.
☐ Vrai
☐ Faux

b. Le premier restaurant ouvre à Paris en 1945, juste après la Seconde Guerre mondiale.
☐ Vrai
☐ Faux

c. Ce premier restaurant offre un choix de mets sur un menu.
☐ Vrai
☐ Faux

d. Jusque-là, seuls les riches mangeaient à l'extérieur de chez eux.
☐ Vrai
☐ Faux

e. Entre le XVIIe et le XVIIIe siècle, les seuls endroits où la nourriture est excellente, c'est à Versailles, à la cour du roi et c hez certains aristocrates.
☐ Vrai
☐ Faux

f. Entre le XVIIe et le XVIIIe siècle, bien manger est une préoccupation qui concerne tous les Français.
☐ Vrai
☐ Faux

liennathan.fr/eteoax

2. Le plaisir de manger

Lisez le premier paragraphe de cet article et dites en quoi le plaisir alimentaire a évolué.

liennathan.fr/71p8rl

3. Faim et envie de manger

Lisez le paragraphe, page 3, « Écouter son corps : respecter sa faim », et dites quelle est la différence entre la faim et l'envie de manger.

Voir corrigés p. 157

L'origine et le sens

1. Trouvez le sens des expressions suivantes :

• faire bonne chère :

• se taper la cloche :

• un repas pantagruélique :

2. Cherchez l'origine du mot « restaurant ».

3. Cherchez les différents sens (sens propre et sens figuré) du mot « goût ».

S'ENTRAÎNER À L'EXAMEN

2e partie de l'épreuve – L'essai

Illustrer les arguments avec des exemples et des références précises

Méthodologie

L'essai développe une ou deux thèses, chacune étant défendue par des arguments. Chacun de ces arguments doit être **illustré par au moins deux exemples**. Une des difficultés est de formuler des exemples précis, référencés et de ne pas s'en tenir à des anecdotes vagues. Les références précises, c'est ce qui permet au correcteur d'évaluer la maîtrise et les connaissances du thème étudié par le candidat.

1. Qu'est-ce qu'un exemple ?

a. L'exemple se distingue de l'argument

L'argument a une portée générale et est souvent abstrait, alors que l'exemple a une portée plus restreinte. L'exemple renforce l'argument et le rend plus convaincant car il peut toucher le lecteur par sa dimension concrète.

▶ **Exemple**

Sujet : Le repas n'est-il qu'affaire de goût ?

Vous répondrez à cette question d'une façon argumentée en vous appuyant sur les documents du corpus, vos lectures de l'année et vos connaissances personnelles.

Thèse 1 : Le repas est essentiellement une affaire de goût.

Thèse 2 : Mais il n'est pas qu'une affaire de goût.

Argument : En effet, le repas concerne et sollicite plusieurs sens, et notamment la vue.

Exemple : Ainsi accorde-t-on de l'importance à la façon dont une table est dressée, quand on reçoit.

b. L'exemple illustre l'argument

Il doit être précis et développé. Si l'argument a une portée générale, **l'exemple est précis, concret**. En principe, l'exemple est développé après l'argument.

Illustrer un argument avec un ou deux exemples permet de **rédiger un para-**

graphe et de ne pas se contenter d'écrire une seule phrase. Il ne doit pas être réduit à une allusion ou à une simple citation.

▶ Exemple

Sujet : Le repas n'est-il qu'affaire de goût ?
Vous répondrez à cette question d'une façon argumentée en vous appuyant sur les documents du corpus, vos lectures de l'année et vos connaissances personnelles.

Thèse 1 : Le repas est essentiellement une affaire de goût.

Thèse 2 : Mais il n'est pas qu'une affaire de goût.

Argument : En effet, le repas concerne et sollicite plusieurs sens, et notamment la vue.

Exemple : Ainsi accorde-t-on de l'importance à la façon dont une table est dressée, quand on reçoit. C'est ce que montre Émile Zola, dans son roman *La Curée*, à travers sa description de la table chez le très riche Aristide Saccard, avec les réchauds de toute taille, les corbeilles, les vases de cristal… (voir l'exemple dans la partie « Construire ses connaissances », p. 110).

c. Comment introduire un exemple ?

On peut introduire un exemple avec différentes expressions : *ainsi, par exemple, on peut évoquer, c'est le cas de/avec…*

d. Argument, exemple : dans quel ordre ?

Il arrive qu'à la lecture d'un essai, des exemples – du fait de leur dimension concrète – viennent plus rapidement à l'esprit que les arguments. Il s'agit alors de regrouper les exemples et de formuler ensuite des arguments.

2. Comment créer son propre corpus d'exemples, de références ?

a. Où trouver les exemples ?

• **Dans les Instructions officielles**, chaque année, un nouveau thème est présenté. Il est accompagné d'éléments bibliographiques précieux : textes, films et documents iconographiques. Les candidats ne sont pas tenus de lire intégralement les œuvres et de voir tous les films proposés, mais ils peuvent opérer leur propre sélection. Ceci permet de construire un corpus de références, d'exemples précis et pertinents.

▶ Le thème de l'année au Bulletin officiel

liennathan.fr/aney4f

• **Les documents du corpus :** vous pouvez puiser dans les documents étudiés dans la première partie de l'examen.

• **Les références étudiées en cours :** tous les types de textes (fictions, essais, articles de presse…) et de documents (films, images…) en relation avec le thème étudié.

• Profitez également de **visites de musées** (sur place ou de façon virtuelle), d'**expositions** pour enrichir vos ressources.

▶ **Le site du ministère de la Culture sur les musées de France**

liennathan.fr/cf9cgq

b. Où consigner les exemples ?

• **Le carnet de lecture** vous permettra de **garder une trace** des livres lus ou des références et des idées rencontrées, en lien avec le thème du programme.

• Au cours de l'année, **prenez l'habitude d'annoter les textes étudiés**, de les surligner, les commenter… Ces traces sont des supports utiles au moment des révisions car elles permettent de se remémorer rapidement les pistes d'interprétation des textes ainsi étudiés. Développer cette habitude suppose de ne jamais aborder un texte sans avoir à la main stylo et surligneur.

3. Relier l'exemple à l'argument

L'exemple illustre, éclaire l'argument en lui donnant une dimension concrète.

Il est donc souvent relié à l'argument par un connecteur logique : *ainsi, c'est le cas de*… Il peut être tout simplement introduit par la locution *par exemple*.

Mon corpus d'exemples

Entrainement

Corpus de documents

En quoi le repas est-il une source de plaisir ?
Répondez aux questions concernant chaque texte avant de répondre de façon argumentée à la question de l'essai.

→ **Document 1**

Gargantua (1534), de Rabelais

Lors de son premier anniversaire, les parents de Gargantua, ainsi que leurs amis, leur offrent un gigantesque repas.

Pour l'entrée, cinq charrettes de pommes de terre et de côtes de bœufs lui furent apportées. La voracité de Gargantua fit rage. Pour ce début de repas, il eut aussi droit à quatre tonneaux de vin apportés dans deux calèches différentes, mais toutes deux imposantes, deux cochons de lait, une marmite de sirop d'érable, six perdrix, dix bécasses ainsi qu'une demi-douzaine de pigeons.

Ayant fini son entrée, l'enfant restait encore sur sa faim. C'est alors qu'arriva le plat principal. Il était composé de cuves et de citernes de bière, d'une dizaine de plateaux de poulets, de deux vaches entières accompagnées d'une délicieuse sauce au beurre, sauce que Gargantua apprécia fortement, le tout accompagné de dizaines de brouettes de légumes tel que des navets, carottes, choux et bien d'autres encore.

L'enfant, les papilles en « ébullition », tout au long de ce gigantesque festin fut ravi. Ses parents ne furent pas étonnés en constatant la gloutonnerie de leur fils. En effet depuis sa naissance et à chaque repas ce dernier se goinfrait de tout ce qu'on lui présentait, sans oublier pâtisseries et autres bonbons, ainsi que des sucreries pour le goûter. Pour ce plat principal, les parents de Gargantua et son précepteur, ne furent donc pas étonnés de l'appétit démesuré du jeune garçon.

Enfin, vint le dessert, le moment préféré de Gargantua dans les repas. À lui tout seul, il mangea deux pièces montées, puis continua à saliver d'avance en attendant la suite de ce majestueux dessert. L'enchaînement de toutes les pâtisseries, choux à la crème, pains d'épices, riz au lait et d'autres encore fut gargantuesque. Gargantua ayant encore un peu de place dans son estomac, et, ses parents voyant cela, ils lui apportèrent la suite. Une tonne de confiseries, bonbons et autres friandises lui furent amenés par une centaine d'hommes.

... ...

Questions

1) En quoi la quantité de nourriture ingurgitée par Gargantua est-elle extravagante ?

2) Malgré ces excès, montrez que l'enfant prend plaisir à manger.

Document 2

Proust, « Du côté de chez Swann », *La Recherche du temps perdu* (1913)

Dans cet extrait, Françoise, la cuisinière de Tante Léonie, prépare des plats qui réjouissent le narrateur, enfant.

[...] au fond permanent d'œufs, de côtelettes, de pommes de terre, de confitures, de biscuits, qu'elle ne nous annonçait même plus, Françoise ajoutait [...] : des cardons[1] à la moelle parce qu'elle ne nous en avait pas encore fait de cette manière-là, un gigot rôti parce que le grand air creuse et qu'il avait bien le temps de descendre d'ici sept heures, des épinards pour changer, des abricots parce que c'était encore une rareté, des groseilles parce que dans quinze jours il n'y en aurait plus, des framboises que M. Swann avait apportées exprès, des cerises, les premières qui vinssent du cerisier du jardin après deux ans qu'il n'en donnait plus, du fromage à la crème que j'aimais bien autrefois, un gâteau aux amandes parce qu'elle l'avait commandé la veille, une brioche parce que c'était notre tour de l'offrir. Quand tout cela était fini, composée expressément pour nous, mais dédiée plus spécialement à mon père qui était amateur, une crème au chocolat, inspiration, attention personnelle de Françoise, nous était offerte, fugitive et légère comme une œuvre de circonstance où elle avait mis tout son talent. Celui qui eût refusé d'en goûter en disant : « J'ai fini, je n'ai plus faim », se serait immédiatement ravalé au rang de ces goujats qui, même dans le présent qu'un artiste leur fait d'une de ses œuvres, regardent au poids et à la matière alors que n'y valent que l'intention et la signature. Même laisser une seule goutte dans le plat eût témoigné de la même impolitesse que se lever avant la fin du morceau au nez du compositeur.

Questions

En quoi le repas est-il une véritable source de plaisir partagé ?

1. Légume proche de l'artichaut.

→ **Document 3**

Un chemin de tables (2019), de Maylis de Kerangal

Mauro, jeune homme de vingt ans, hésite entre des études de sciences économiques et la restauration. Adolescent à Aulnay-sous-Bois, il prépare des repas, régale ses amis ; peu à peu, ce passe-temps va devenir un métier. Le récit raconte ses expériences variées dans des restaurants étoilés, des brasseries, un restaurant familial et une cantine branchée.

L'enfance s'éloignant, le désir d'épater les adultes à la table familiale, parents ou amis, faiblit. Mauro a bien d'autres choses à faire, une adolescence à vivre, et la maison lui brûle les pieds. S'il poursuit ses incursions en cuisine, c'est désormais pour ses acolytes[1], et parce que c'est meilleur, moins cher. Tout de même, il a des principes : la malbouffe est une violence faite aux pauvres, le plat cuisiné industriel signale la solitude des existences urbaines. Idéologue de treize ans, Mauro prévient la bande : la pizza congelée c'est niet, le McDo itou. Les copains répondent *OK* en tâtant le fond de leur poche et se demandent à voix haute ce qui pourrait rivaliser avec la formule « repas complet assis et chaud » pour moins de 7 euros? Moi ! Mauro s'est dressé d'un bond.

Désormais le samedi soir, quand les six copains débarquent dans la maison d'Aulnay, il se lance dans un plat, car la pure immanence[1] de la glande[2] lycéenne – qui est une grâce mais qui est aussi une dépense, il faut l'admettre une bonne fois pour toutes – requiert elle aussi son quota de sucres lents et sa dose de calcium.

Ces années-là, les six d'Aulnay carburent à la pizza « faite maison », aux

1. Ici, le terme signifie ses amis.
2. Qui n'appartient pas à la transcendance divine.
3. La paresse.

pâtes à la carbonara, aux pommes de terre sautées à l'échalote, à la mousse au chocolat, aux crêpes Suzette. C'est bon les gars, c'est pas cher, c'est ce que leur dit Mauro quand ils viennent stagner chez lui, le week-end ou après les cours, et s'affalent dans les canapés tout en faisant tourner une cagnotte où chacun lâche 3 à 4 euros.

Questions

1) Pourquoi Mauro fait-il la cuisine ?

....

....

....

....

....

....

2) Que parvient-il à démontrer à ses amis ?

....

....

....

....

....

L'essai

En quoi le repas est-il une source de plaisir ?

En répondant à la question posée par l'essai, remplissez le tableau en illustrant les arguments avec des exemples et des références précises empruntés au corpus et à la partie « Construire ses connaissances ».

	Argument 1 + Exemples	Argument 2 + Exemples

Thèse 1 De sa confection à sa consommation, le repas procure du plaisir.	Argument 1 En effet, faire la cuisine peut procurer du plaisir.	Argument 2 Participer à un repas est souvent réjouissant.
	Exemples	Exemples ....

Thèse 2 Les autres raisons qui font du repas un moment de plaisirs.	Argument 1 Préparer un repas, c'est également préparer un cadre, une table.	Argument 2 Le plaisir du repas est souvent dû au fait qu'il s'agit d'un moment partagé.
	Exemples :	Exemples :

Consulter le corrigé

liennathan.fr/ukc3ao

Je teste mes connaissances sur le chapitre

liennathan.fr/ukc3ao

CHAPITRE 8

Le repas à venir : vers une cuisine éthique plus responsable

CONSTRUIRE SES CONNAISSANCES

Ce qu'il faut savoir

1. La surexposition médiatique de la gastronomie

a. Cuisine et téléréalité

La starisation des chefs a commencé avec Paul Bocuse, dans les années 1970-1980. Il a joué un rôle majeur dans la **mise en scène de la cuisine française**.

Des émissions de télé-réalité ont vu le jour en France, dans la lignée de *reality shows* anglais ou américains. *Oui chef !*, *Cauchemar en cuisine*, *Masterchef*, *Top Chef*, autant d'émissions qui alternent coaching de restaurateurs en difficulté, présentation de cuisiniers étoilés ou concours d'amateurs de cuisine.

Une des émissions les plus récentes, *Top Chef*, a la cote auprès d'un public jeune. Quelques-uns parmi les cuisiniers qui sont passés par cette émission sont devenus particulièrement connus : Jean Imbert, Norbert Tarayre, Alexia Duchêne, Mory Sacko. Ce dernier, franco-malien, mêle, notamment, cuisines française et africaine auxquelles il associe des saveurs du Japon. Il est devenu une star de la gastronomie française.

Des chefs qui passent par certaines de ces émissions **incarnent un renouveau dans la cuisine** française et ont des restaurants étoilés. Les Français, qui aiment la bonne cuisine, sont friands de ces nouvelles recettes, même si ces restaurants sont réservés aux plus riches.

Mais certains d'entre eux, grisés par le succès, **vendent leur nom, comme une marque** :

> Membre du jury depuis huit saisons, la cheffe Hélène Darroze s'inquiète : "S'ils se laissent tous griser par toutes les sollicitations, j'ai peur que cela se fasse au détriment de leur apprentissage." Certains abandonnent en effet leur vie programmée de chef propriétaire pour monétiser leur célébrité sur les réseaux sociaux et vivre en nomade des multiples partenariats proposés par des marques ou des événements.

Stéphane Davet, « La recette miracle de la cuisine à la sauce télé-réalité », *Le Monde*, 29 juillet 2022.

C'est ce que dénonce Gautier Battistella, un ex-critique gastronomique du guide Michelin devenu écrivain, dans son premier roman *Chef* (2022) : *« Pour passer dans les magazines, le moindre chef se fait tatouer, achète trois poules et ajoute deux pickles dans son assiette de betterave de chez monsieur Bidule. »*

Mais si des chefs ont utilisé leur nom pour vendre des produits qui s'éloignaient de plus en plus de la gastronomie, d'autres sont restés discrets et attachés à leur travail. C'est le cas de la restauratrice Eugénie Brazier qui préférait rester dans ses cuisines alors qu'elle fut la première femme à obtenir deux fois trois étoiles en 1933.

b. Les réseaux sociaux

Les réseaux sociaux et les plateformes en ligne concurrencent, notamment depuis les confinements provoqués par l'épidémie de Covid 19, les émissions de télévision. Les influenceurs qui créent des formats nouveaux et très attractifs sont évalués en nombre de *likes* sur Instagram, Facebook, TikTok… Ce phénomène répond aux attentes d'un public captif des réseaux sociaux et de son smartphone. **La cuisine et sa mise en scène, le *fooding***, contraction de deux mots anglais, *food* (nourriture) et *feeling* (ressenti, sentiment), sont devenues tendance, comme d'autres produits issus de la mode.

Ainsi des chefs étoilés profitent-ils de l'engouement pour les réseaux sociaux pour créer leur propre chaîne, proposant des recettes et multipliant les abonnements.

> Constatant que "YouTube est devenu une encyclopédie pour ceux qui veulent cuisiner des recettes faciles et pas chères", le chef étoilé Philippe Etchebest, coach de "Cauchemar en cuisine" et juré de "Top Chef" – deux émissions télé à succès – a lancé ***sa propre chaîne sur la plateforme***. Il y propose cent plats tirés de son dernier livre, *Cuisinez bien accompagné avec ma méthode mentor* (Albin Michel, 2021). Île flottante, blanquette, ratatouille, endives au jambon… Entre sérieux pédagogique et légèreté ludique : Etchebest se concentre avec succès (750 000 abonnés) sur du traditionnel.

Stéphane Davet, « La cuisine plongée dans la grande marmite des réseaux sociaux », *Le Monde*, 31 juillet 2022.

Enfin, depuis une dizaine d'années en France, le ***food porn*** (pornographie alimentaire) a envahi les réseaux sociaux. En effet, des photographies, vidéos de plats saturés de gras, très caloriques, censés donner envie de les manger, connaissent un grand succès. Ces recettes n'utilisent aucun produit frais, diététique et défient toute règle de la gastronomie. Ces images, assez provocantes, sont associées à la pornographie car elles ont pour objectif de susciter le désir pour le plat représenté.

2. Vers une nouvelle façon de manger

▶ Plusieurs constats alarmants

La médiatisation de l'art de cuisiner stimule l'intérêt que le public lui porte. Mais la **« peopolisation » des chefs**, encouragés par des industriels, favorise **un système de consommation** toujours plus poussé. **À côté de ces modèles, d'autres cuisiniers et cuisinières considèrent qu'ils ont une responsabilité vis-à-vis de celles et ceux qu'ils nourrissent** et cherchent à préserver un certain patrimoine alimentaire (des légumes devenus rares, par exemple), protéger les petits producteurs (maraîchers, producteurs bio), la nature, la santé.

a. Des changements radicaux dans nos habitudes alimentaires ?

▶ Pour en savoir plus, consultez le site du gouvernement sur notre alimentation et les gaz à effet de serre.

liennathan.fr/cmvrbw

Par ailleurs, de nombreux restaurants ne préparent plus depuis bien longtemps les repas qui sont fournis par des **centrales d'achats**, grossistes professionnels, uniformisant les propositions et les goûts. En effet, les cuisiniers disparaissent au profit des « **assembleurs** ». Le plaisir alimentaire repose essentiellement sur le gras, le sel et le sucre, les « trois piliers » de la cuisine industrielle.

Ces dérives ont des conséquences sur la qualité de l'alimentation, la santé et l'environnement (culture intensive, pêche industrielle), sans compter la souffrance animale (élevages en batterie, par exemple).

▶ De nouveaux arts de vivre

La cuisine a toujours été un reflet de son époque. Aujourd'hui, les enjeux ont changé, et certains cuisiniers, plus sensibles aux enjeux écologiques, à l'importance accordée à des produits de qualité, en ont pris conscience. Il s'agit de retrouver une cohérence et d'être attentif à la **préservation de notre santé et à celle de la planète** ***(→ voir corpus, document 2, p 140).***

Il faut aussi retrouver le plaisir de cuisiner pour retrouver celui de manger en prenant du temps pour le plaisir de la table, celui des cinq sens : humer des épices variées, mettre en bouche, mâcher, déglutir.

Cuisiner autrement, c'est aussi avoir recours à des produits frais, variés et favoriser la culture biologique ***(→ voir corpus, document 1, p 138).***

Il est temps que les inégalités hommes-femmes au sein des cuisines – tant au niveau des responsabilités que des salaires – cessent pour assurer une cuisine, une restauration vraiment éthique.

L'alimentation doit être au cœur du système éducatif ***(→ voir corpus, document 3, p 141).***

La *slow food* est un mouvement international présent dans 132 pays. Créé en 1986 par le chroniqueur gastronomique italien Carlo Petrini, ce mouvement **s'oppose à la standardisation** et à la banalisation alimentaire. Il est parfois qualifié d'« éco-gastronomie » en raison de sa volonté de respecter l'environnement. Face à la profusion de plats préparés et à l'industrialisation de l'agriculture, la *slow food* **propose de protéger le patrimoine alimentaire mondial** en consommant des aliments provenant de petits producteurs locaux et produits dans le respect de l'environnement.

b. Faire table autrement : les tables solidaires et participatives

Diane Dupré la Tour a abandonné son métier de journaliste pour créer des **cantines solidaires** qui permettent aux habitants d'un même quartier de cuisiner ensemble et, par la même occasion de se rencontrer. Une personne accueille les gens et fait le lien entre des personnes d'âges, d'origines et de classes sociales différentes. Le modèle est à contre-courant de la société, parce qu'il est à prix libre et parce qu'on ne sait jamais ce qu'on va préparer, ni avec qui on va manger. Comme le dit sa créatrice : « C'est l'incroyable pouvoir de la cuisine et du repas partagé ». Ces « Petites Cantines » s'approvisionnent dans une logique d'alimentation durable (aliments biologiques…).

Une autre initiative, **la Résidence**, située à Paris, est un comptoir dédié aux saveurs venues d'ailleurs, formant des cuisiniers réfugiés aux métiers de la restauration. Il a été créé en 2018 et accueille des cuisiniers entrepreneurs en résidence pour tester leurs cartes avant de lancer leur propre activité.

Je note les idées du chapitre à retenir

ZOOM

*La Brigade** (2022), de Louis-Julien Petit

Cathy Marie est seconde d'une cheffe très médiatique, dans un restaurant gastronomique. Elle décide de quitter le restaurant et espère ouvrir son propre établissement. En attendant, sans travail, elle postule pour un poste de cheffe dans un centre d'accueil pour mineurs non accompagnés et sera payée 1 400 euros. Elle est atterrée par l'état des cuisines et la qualité des produits à sa disposition. Elle décide d'améliorer la table du centre, en se créant une vraie brigade* avec les jeunes migrants motivés. Ils vont apprendre à faire une cuisine bonne, simple et de qualité. Les produits cuisinés viennent du potager entretenu par les résidents. Le film est inspiré de l'histoire vraie d'une cheffe ayant créé un CAP cuisine dans un centre pour mineurs non accompagnés.

Comment s'appuyer sur ce film pour traiter le thème ?

Le film montre la façon dont la cuisine va devenir, pour certains de ces jeunes migrants, une passion faite de solidarité, d'entraide. **Il plaide également pour une alimentation collective de qualité qui repose sur l'importance d'avoir accès à des produits frais cueillis dans le potager collectif.** À travers le personnage de la cheffe, le film aborde le sexisme auquel les femmes peuvent être confrontées dans une cuisine collective. **La cuisine sert de support à l'éducation, facteur d'épanouissement et d'émancipation, et qui permettra à ces jeunes de pouvoir s'insérer dans la société.**

---

* Une brigade est un ensemble de cuisiniers et cuisinières qui travaillent dans un restaurant. La brigade est dirigée par le/la chef de cuisine. Pour le seconder, le chef a sous son autorité un ou plusieurs sous-chefs (ou seconds de cuisine) et chefs de partie. Ces derniers sont aidés par les commis, les apprentis et les stagiaires.

Enrichir sa culture générale

Pour aller plus loin et illustrer votre copie d'exemples précis, explorez les sites accessibles ci-dessous et répondez aux questions.

liennathan.fr/89xw5o

1. Quels effets nos comportements alimentaires ont-ils sur nous et sur la planète ?

Lisez les deux premiers paragraphes du texte et dites quels comportements alimentaires peuvent avoir une influence sur la santé, l'environnement et l'équité sociale.

liennathan.fr/zrw35h

2. *La gastronomie est-elle une marchandise culturelle comme une autre ?* de Julia Csergo

Écoutez le podcast de 2:49 à 3:04. En quoi le terme « gastronomie » pose-t-il problème ?

liennathan.fr/aga04v

3) L'empreinte carbone

Pour calculer votre empreinte carbone de consommation en 5 minutes, répondez aux questions du site.

Empreinte carbone :

Voir corrigés p. 159

Enrichir son lexique

Des mots pour exprimer une opinion

Rédiger un essai, c'est à la fois :

• développer son point de vue, le défendre ;

• mais également éviter d'affirmer son avis de manière trop tranchée.

Voici une liste de mots que vous pouvez utiliser pour introduire une opinion. Ces termes sont nommés « modalisateurs ». Ils n'ont pas tous la même portée.

• Si vous voulez marquer une distance avec ce que vous écrivez :
– les verbes : *se demander si, s'interroger sur, douter, remarquer…*
– les adverbes : *certainement, peut-être, sans doute…*
– la question rhétorique (elle n'appelle pas de réponse mais oblige votre interlocuteur à s'interroger) :
Comment se fait-il, dans un pays où la gastronomie est essentielle, qu'on ait laissé l'industrie s'emparer ainsi de l'alimentation et développer les produits transformés ?

• Si vous voulez marquer une implication, vous pouvez employer les verbes suivants : *admettre, affirmer, comprendre, constater, décréter, démontrer, penser…*

ZOOM

C'est à vous !

Vous défendez fermement un régime végétarien.
Rédigez un ou deux paragraphes dans lesquels vous insistez sur les raisons de cette défense et utilisez des mots de la leçon sur l'expression de l'opinion.

Voir corrigés p. 159

Rédiger l'essai

Méthodologie

Construire le plan de l'**écriture personnelle, c'est organiser l'argumentation et lui donner une cohérence**.

1. Construire le plan de l'essai

Il s'agit d'organiser une réflexion et d'élaborer la progression du raisonnement. L'essai sera composé de deux parties, chacune correspondant à une thèse. Chaque thèse sera soutenue par deux ou trois arguments, eux-mêmes illustrés avec des exemples.

Structure du plan :
1. Thèse 1
A. Argument 1 et exemples
B. Argument 2 et exemples

Phrase de transition

2. Thèse 2
A. Argument 1 et exemples
B. Argument 2 et exemples

Chaque ensemble [argument + exemples] fait l'objet d'un paragraphe. Le premier paragraphe de chaque partie présentera la thèse défendue. **Il est recommandé de formuler la thèse et l'argument en début de paragraphe.**

2. Rédiger l'introduction et la conclusion

a. L'introduction

Les étapes :

- une phrase d'appel qui propose une idée générale, en lien avec le sujet ;
- la problématique, qui reprend le sujet, sous forme interrogative ;
- l'annonce du plan de l'essai.

L'introduction commence par un **alinéa**.

b. La conclusion

La conclusion de l'essai répond à la question posée par la problématique.
On peut expliciter le lien entre la conclusion et le reste de l'essai en utilisant une formule telle que : *comme on l'a vu, pour conclure, en conclusion, ces éléments montrent donc, en conséquence...*
La conclusion commence par un **alinéa**.

3. Rédiger un paragraphe d'essai

L'essai est composé de paragraphes argumentés (deux par grande partie).

a. *On, je* ou *nous* ?

L'essai invite à développer un point de vue personnel et vous pouvez choisir le pronom personnel utilisé.

b. Des paragraphes cohérents

Présentation du paragraphe d'essai :

- **La thèse :** elle est formulée au début du premier paragraphe et doit faire référence au sujet.
- **L'argument :** il doit être développé en deux ou trois phrases. Il doit être relié à la thèse par un mot : *en effet*.
- **Les exemples :** on en attend deux par argument. L'exemple est concret et il doit être précis et référencé. Enfin, il est relié à l'argument par un mot de liaison : *ainsi, par exemple...*
- **La conclusion partielle :** elle clôt le paragraphe en une phrase et résume le contenu du paragraphe.

4. Rédiger intégralement l'écriture personnelle

À la rédaction du travail, on veille à :

- soigner la syntaxe et l'orthographe ;
- sauter une ligne entre l'introduction et le développement, entre les deux thèses et entre le développement et la conclusion.

5. S'exprimer de façon nuancée dans son essai

Comme dans les réponses aux questions sur le corpus (1re partie), l'essai présente une argumentation nuancée qui reconnaît et prend en compte les arguments contraires ou les points de vue divergents.

Si la concession permet, au niveau de l'organisation de l'essai, l'expression d'une argumentation nuancée, le recours à des modalisateurs permet d'affiner encore l'argumentation.

Les adverbes et les prépositions sont des outils indispensables dans le développement d'une pensée précise et nuancée.

▶ **Exemples**

• Les connecteurs logiques permettent d'organiser les étapes de l'argumentation : *tout d'abord…, puis…, enfin…*

• Certains adverbes peuvent modaliser un énoncé : *L'alimentation bio est* ***très*** *en vogue chez les jeunes parents.*

6. Exemple développé

a. Le plan proposé

Sujet : Cuisiner, manger, est-ce simplement une question de plaisir ?

Vous répondrez à cette question d'une façon argumentée en vous appuyant sur les documents du corpus, vos lectures de l'année et vos connaissances personnelles.

I. Certes, manger, cuisiner nous procurent du plaisir

A. Faire une cuisine qui sollicite tous les sens

Exemple : travailler avec des épices variées, éviter l'uniformisation du goût par le salé et le sucré.

B. Manger ensemble (et non chacun devant un écran) est un vrai plaisir

Exemple : *Le Festin de Babette*, film de Gabriel Axel sorti en 1987 qui montre une communauté de personnes âgées qui prend plaisir à goûter pour la première fois un repas gastronomique.

II. Mais notre rapport à l'alimentation est également le reflet de notre façon d'être au monde

A. Pour certains, cuisiner, c'est montrer au monde ce que l'on sait faire

Exemple : les cuisiniers, apprentis ou chefs qui participent à des émissions de télé-réalité ou créent des comptes sur les réseaux sociaux pour être vus, gagner de l'argent et de la notoriété.

B. Pourtant, cuisiner peut également obéir à des règles éthiques, à une conscience que nous faisons partie d'un tout

Exemple : cuisiner avec des produits locaux, encourager l'agriculture biologique ; voir le film de Louis-Julien Petit, *La Brigade*.

b. L'introduction

Sujet : Notre façon de nous alimenter repose-t-elle sur des idées reçues ? Vous répondrez à cette question d'une façon argumentée en vous appuyant sur les documents du corpus, vos lectures de l'année et vos connaissances personnelles.

L'alimentation fait partie des besoins vitaux. En France, comme ailleurs, elle a beaucoup changé et a connu des transformations profondes, en raison, notamment, des connaissances développées en matière nutritionnelle. Peut-on pour autant dire que notre façon de nous alimenter ne repose plus sur des idées reçues ? Pour répondre à cette question, nous verrons que si certains préjugés ont la vie dure dans le domaine de l'alimentation, les recherches scientifiques nous ont permis de les surmonter.

c. La conclusion

Comme on l'a vu, l'alimentation véhicule de très nombreuses idées reçues, fermement installées dans l'imaginaire et entraînant des comportements à risques. Pourtant, le monde de la recherche a montré ces erreurs et a participé à la modification des comportements alimentaires.

Entrainement

Corpus de documents

Les enjeux du repas ont-ils changé ?

Répondez aux questions concernant chaque texte avant de réaliser le plan de l'essai.

→ **Document 1**

Maryse Condé, Victoire, *Les Saveurs et les mots* (2006)

Dans ce récit, Maryse Condé raconte l'histoire de sa grand-mère maternelle, guadeloupéenne, femme illettrée qui trouvait dans la cuisine une façon de s'exprimer. Sa cuisine était pour elle un lieu de création où elle mêlait, les goûts, les formes et les couleurs. Elle travaillait comme cuisinière chez des bourgeois blancs, Anne-Marie et Boniface Walberg.

Deuxièmement à l'occasion de ce baptême, les dons de cuisinière de Victoire furent révélés à tous.

[…] Ma mère garda dans ses papiers le numéro 51 de *L'Écho pontois* où figure au mitan d'un article dithyrambique le menu de ce repas de baptême, …

composé avec lyrisme comme un poème et vraisemblablement expédié au journal par les soins d'Anne-Marie :
« Ce furent chez les Walberg des agapes à la romaine, l'œuvre d'un véritable amphitryon[1]. Jugez-en plutôt.

Boudin de ouassous
Petits burgos aux pousses d'épinards et aux feuilles de siguine
Langouste aux mangues vertes
Porc caramélisé au vieux rhum Duquesnoy et au gingembre
Fricassée de lapin aux oranges bourbonnaises
Gratin de christophines
Gratin de pommes de cythères vertes
Gratin de bananes poto
Salade de pourpier
Trois sorbets : coco, fruits de la passion, citron.

Quelle imagination hardie, quelle créativité ont présidé à l'élaboration de ces délices. L'eau ne vous vient-elle pas à la bouche, cher lecteur ? »
En ce temps-là, les domestiques circulaient, s'échangeaient comme des piécettes de monnaie. Les bonnes maisons se les prêtaient et se les rendaient sans que jamais leur avis soit sollicité et que leur soit versé le moindre salaire. À dater de ce jour, Anne-Marie fut assaillie de requêtes sur papier bristol émanant des familles les plus en vue. Pouvait-elle prêter Victoire pour tel ou tel repas de baptême, d'anniversaire, de noces ?
Chaque fois, elle répondait avec délectation par la négative. [...]
Victoire n'appréciait pas tout ce bruit autour de sa personne. C'est à regret qu'elle confiait à Anne-Marie le secret de ses compositions culinaires afin que celle-ci les baptise et les fasse imprimer. Comme un écrivain dont l'éditeur décide du nom, de la couverture, des illustrations de l'ouvrage, c'était en partie se dessaisir de sa création. Elle aurait préféré en conserver le mystère. Et puis, pour elle, cuisiner n'impliquait aucun désir de vengeance vis-à-vis d'une société qui ne lui avait jamais fait de place.
Plus que la musique où elle n'excellât jamais, ni à la guitare ni à la flûte, c'était sa manière d'exprimer un moi constamment refoulé, prisonnier de son analphabétisme, de sa bâtardise, de son sexe, de toute sa condition asservie. Quand elle inventait des assaisonnements, ou mariait des goûts, sa personnalité se libérait, s'épanouissait. Cuisiner, c'était son rhum Père Labat, sa ganja, son crack, son ecstasy[2]. Alors, elle dominait le monde. Pour un temps, elle devenait Dieu. Là aussi, comme un écrivain.

1. Celui chez qui on dîne.
2. Enumération de drogues.

Questions

1) Qu'est-ce qui montre l'admiration d'Anne -Marie pour le repas préparé par Victoire ?

2) Qu'est-ce qui montre que Victoire, quand elle cuisine, est une artiste lui permettant de s'émanciper de sa condition d'asservissement ?

Document 2

Pour une révolution délicieuse (2019),d'Olivier Roellinger

Olivier Roellinger est chef cuisinier. Dans son livre, il montre pourquoi il est urgent de sortir de l'agro-business et de revenir à une cuisine bonne pour tous et qui respecte des règles éthiques permettant de préserver la santé des individus et de la planète.

Au nom de la demande d'une pseudo-clientèle internationale, la standardisation est devenue l'expression de ce chaos des temps modernes.
Aussi, je veux combattre avec vous pour que nous retrouvions l'harmonie, la cohérence et la logique du vivant sur chaque territoire chargé d'une histoire singulière.
Enjeux économiques et sociaux donc, environnementaux, culturels et enfin, le plus crucial, la question de notre santé. Il est temps que nous nous dressions contre parfois ces productions d'aliments qui, à petit feu, nous empoisonnent.

…

Que nous leur disions haut et fort que nous ne voulons plus de leur nourriture chargée de nanoparticules.

Que nous ne voulons plus de leurs cocktails de résidus de pesticides, d'herbicides et de fongicides. Nous, cuisiniers de renom, nous devons porter ces combats avant qu'il ne soit trop tard. Si nous ne le faisons pas, qui le fera ? Si ceux qui sont reconnus comme faisant la meilleure cuisine du monde se taisent, alors n'attendons pas de celui qui travaille sous pression dans une cuisine collective pour une maison de retraite, un hôpital ou une école qu'il le fasse. Nous, grands chefs, serons coupables de nous être tus.

Loin de moi l'idée de donner des leçons. Bien longtemps, moi aussi, je me suis « contenté » de courir après les étoiles. Je me mettais la pression, non pas tant pour les décrocher d'ailleurs, que parce que je considérais que je devais terminer moi-même toutes les assiettes qui étaient servies dans mon restaurant. Je devais être là, toujours, fidèle au poste. Je ne m'absentais jamais ou presque. Je ne quittais jamais ma cuisine.

[…] Moi aussi j'ai été très égoïste.

Question

Relevez, dans les cinq premiers paragraphes, un champ lexical de la violence et précisez à quelle activité il renvoie.

....

....

....

....

....

....

Document 3

Tribune publiée dans le journal *Libération* le 28/11/2020

L'alimentation doit être au cœur du système éducatif. En apprenant à mieux manger, l'expérience du repas est réenchantée, à la cantine comme à la maison. Avec l'éducation comestible, la révolution délicieuse est en route.

Parce que nous sommes convaincus que notre façon de manger peut changer le monde, nous pensons que l'éducation alimentaire doit faire son retour à l'école. L'alimentation est aujourd'hui au cœur des problématiques

…

contemporaines. Sa qualité est en baisse. Un Français sur cinq reconnaît avoir du mal à se nourrir sainement. Il y a urgence à agir.

Nous rêvons d'un monde qui offre à chacun le droit de bien manger, et où tous les enfants ont accès à une éducation alimentaire bonne, propre et juste.

Nous rêvons d'une école dans laquelle les enfants cultivent un potager, observent le cycle des saisons et du vivant, apprennent à cuisiner, à se régaler et régaler leurs proches de ce qu'ils ont préparé. Nous rêvons de cantines saines et savoureuses, qui connectent la préparation des repas avec les potagers et soutiennent des réseaux de paysans locaux vertueux, qui éduquent contre le gaspillage, revalorisent les métiers de la restauration collective et font de chaque repas une fête. Nous rêvons d'enseignants, d'animateurs, d'élus locaux formés pour intégrer l'alimentation au cœur des apprentissages essentiels.

[...] Avec L'école comestible, nous souhaitons apporter notre contribution à ces objectifs, dans les activités scolaires et périscolaires et au sein de la vie quotidienne des enfants.

Relier l'alimentation à l'histoire du vivant

En reliant l'alimentation à l'histoire du vivant, nous permettons aux enfants de comprendre d'où ils viennent, ce qu'ils mangent, la richesse de la biodiversité, la force et la fragilité de la nature. En créant des jardins dans les écoles, sur les toits, au bord des cours et des rues et même des potagers mobiles, nous contribuons à verdir et rafraîchir nos environnements de vie. En développant la solidarité et le partage de recettes ou de savoir-faire potagers avec les familles, nous contribuons à fortifier le lien social et encourageons l'implication des adultes dans le quotidien de leurs enfants. En apprenant à mieux manger, nous réenchantons l'expérience du repas, à la cantine comme à la maison, et nous contribuons à réparer la fracture sociale.

Et puis, quand les enfants jardinent ou cuisinent, ils jouent, calculent, lisent, étudient une réaction chimique, observent la géographie, comprennent l'histoire, touchent, sentent, écoutent, et forgent leur esprit critique... tous les sens sont en éveil et toutes les matières scolaires s'y retrouvent.

Comme d'autres associations, mouvements, initiatives, L'école comestible prend sa part dans cette incontournable transition de société.

Libération, 28 novembre 2020.

Questions

1) Quel est le projet des signataires de cette tribune et pourquoi selon eux, y a-t-il urgence à agir ?

2) À quel discours célèbre la répétition de « Nous rêvons » fait-elle penser ?

3) Que signifie « relier l'alimentation à l'histoire du vivant » ? En quoi est-ce important pour ceux qui portent ce projet ?

Le plan de l'essai

Les enjeux du repas ont-ils changé ?

En répondant à la question posée par l'essai, remplissez le tableau en illustrant les arguments avec des exemples et des références précises empruntés au corpus, à la partie « Construire ses connaissances » et à votre culture personnelle

.

	Argument 1 + Exemples	Argument 2 + Exemples
Thèse 1 :	**Argument 1 :**	**Argument 2 :**
	Exemples :	**Exemples :**
Thèse 2 :	**Argument 1 :**	**Argument 2 :**
	Exemples :	**Exemples :**

Rédigez un paragraphe (thèse + 1 argument + 1 ou 2 exemples + phrase de conclusion).

Rédigez l'introduction de l'essai.

Rédigez la conclusion de l'essai.

Consulter le corrigé

liennathan.fr/wzei5x

Je teste mes connaissances sur le chapitre

liennathan.fr/9o9bvm

Examen

Sujet blanc avec corrigé en lien avec le thème en vigueur à télécharger.

Flashez le QRcode

liennathan.fr/g752fy

Mes remarques

Corrigés

CHAPITRE 1
Prendre un repas, c'est d'abord s'alimenter

Enrichir sa culture générale

1. Comment les hommes et les femmes préhistoriques se nourrissaient-ils ?

Avant l'apparition du feu, les premiers hominidés mangent fruits, racines, petits reptiles, complétés progressivement par un nouvel apport énergétique : la viande crue.

2. Peut-on se nourrir d'aliments en poudre ?

Certaines personnes consomment des repas en poudre car elles manquent de temps pour cuisiner. Par ailleurs, ces produits sont peu onéreux.

3. Quelles sont les représentations du repas dans les arts ?

a. Dans le tableau *La Compagnie à table* (XVIIe siècle) de Nicolas Tournier, l'instrument de musique, les mets présentés, le mobilier en bois, la nappe blanche et les vêtements des convives montrent qu'ils sont issus de la bourgeoisie.

b. Spoerri expose ses ***Tableaux-pièges*** pour la première fois à Paris dans les années 1960. Ces tableaux montrent les restes de repas et la vaisselle utilisée figés sur leur support. L'artiste conserve une situation donnée dans ce qu'elle a d'instantané et s'intéresse à des objets habituellement utilisés, manipulés au cours d'un repas. Quand ces objets sont devenus statiques, Spoerri redresse l'ensemble contre le mur et le procédé permet au spectateur d'observer à distance ce qu'il n'aurait pas remarqué à table.

c. Au XIXe siècle, en France, les mets sont apportés les uns après les autres, et non plus tous en même temps, et les convives savourent le même plat au même moment. Grâce aux progrès effectués en matière de conservation des aliments et dans le domaine de l'agriculture et des transports, certains fruits et légumes deviennent accessibles et les plats se diversifient. Dans le cadre privé, la salle à manger se systématise alors qu'elle était encore rare au XVIIIe siècle. Enfin, les restaurants parisiens connaissent un essor sans précédent, le repas pris hors du foyer devenant une pratique plus courante.

d. *La Cène* (du latin *cena* : repas du soir) désigne le dernier repas que Jésus-Christ a pris avec les douze Apôtres le soir du Jeudi saint, avant la Pâque juive, peu de temps avant son arrestation, la veille de sa crucifixion.

Enrichir son lexique

Verbe	se sustenter (emploi vieilli)	bâfrer	déguster	se régaler
Sa définition	Manger, se nourrir, s'alimenter (emploi vieilli)	Manger avec excès et de façon gloutonne.	Goûter un aliment ou une boisson, lentement, pour en apprécier les qualités.	Prendre plaisir à manger, faire un bon repas.
Un synonyme	Se restaurer	S'empiffrer, bouffer (familier)	Savourer	Se délecter
Ce qu'il évoque pour moi	Repas quotidien en famille ou à la cantine du lycée avec des amis ou seul.	Gargantua (*Gargantua*, Rabelais), Gnathon (*Les Caractères*, La Bruyère)	Une personne qui déjeune ou dîne dans un restaurant étoilé, réputé (les convives au restaurant, dans l'extrait 1 de *Bel-Ami* de Maupassant).	Dans *Ratatouille*, le film d'animation de Brad Bird, Anton Ego se régale du plat confectionné par Ratatouille. Dans *Le Dîner de Babette*, nouvelle de Karen Blixen, ou son adaptation filmée, *Le Festin de Babette*, les convives se régalent du repas que leur a préparé Babette.

CHAPITRE 2
Le repas, fait individuel ou collectif ?

Enrichir sa culture générale

1. Manger seul(e)

a. Manger seul sur son lieu de travail évite d'avoir à parler travail et de s'infliger des conversations qui ne nous intéressent pas (il n'y a « rien de pire que d'être accaparé par un vis-à-vis qui vous empêche de profiter »). Manger seul permet également de déguster, de profiter de ce qu'on mange et d'avoir un temps pour soi et de mieux se connaître, mieux connaître ses besoins.

b. Même si manger en bonne compagnie est souvent agréable, manger seul peut être un choix assumé. Ce qui importe, c'est de faire des choix, de ne pas agir en fonction des autres et de s'émanciper de leur regard, de leurs remarques éventuelles.

2. Le Gourmet solitaire, de Jira Taniguchi

Le personnage pose comme pour une photographie. Il est attablé, seul, devant un bol, et a l'air très détendu et heureux d'être là.

3. Podcast sur le plaisir de manger seul(e) au restaurant

On regarde ces personnes avec une forme de pitié et de mépris car on les considère comme esseulées.

4. Manger seule au restaurant quand on est une femme

Manger seule le soir, pour une femme, c'est être considérée comme « disponible ». Peu de femmes dînent seules au restaurant car elles savent qu'elles risquent d'être interpellées.

5. Manger en groupe avec un régime alimentaire différent

Le pourcentage de personnes qui ont un régime présenté comme « particulier » est de 14 %.
Le pourcentage de personnes à qui il arrive de refuser d'être invitées pour ne pas déroger à leur régime est de 27 %.

Enrichir son lexique

	Convivialité	Compagnie	Copain
Étymologie	Ce nom, formé à partir de l'adjectif *convivial*, vient du verbe espagnol *convivir* (vivre avec).	Du latin reconstruit *compania*, qui donne l'ancien français *compain* (celui qui partage le même pain).	Altération populaire de *compain* (celui qui partage le même pain).
Définition	C'est le fait de favoriser les échanges et les relations entre amis.	Réunion de plusieurs personnes, heureuses d'être ensemble.	Celui avec qui on entretient un lien d'amitié.

CHAPITRE 3
Le repas, élément constitutif d'une culture

Enrichir sa culture générale

1. Le repas gastronomique français

Le repas gastronomique des Français est une pratique sociale destinée à **célébrer les moments les plus importants** de la vie des individus et des groupes, tels que naissances, mariages, anniversaires, succès et retrouvailles. Il s'agit d'un **repas festif** dont les convives pratiquent, pour cette occasion, l'art du « bien manger » et du « bien boire ». Le repas gastronomique met l'accent sur le fait **d'être bien ensemble, le plaisir du goût, l'harmonie entre l'être humain et les productions de la nature**.

2. Le repas et le pouvoir

a. La table est un espace de pouvoir qui sert à mobiliser des réseaux, afficher sa puissance et porter un discours politique à travers ce que l'on mange et ce que l'on boit.

b. La profusion des mets est considérée, pendant des siècles, comme un signe de puissance. Sur les tables royales au Moyen Âge, l'abondance et la rareté des aliments (épices) permettent au roi de montrer qu'il est le premier des seigneurs. Lorsque Louis XIV exige que des petits pois soient cultivés dans le potager du roi à Versailles, il montre ainsi qu'il peut tout contrôler, même la nature. Pendant longtemps, le luxe fut une caractéristique majeure des tables des politiques. Toutes les institutions politiques assoient leur prestige sur des repas d'apparat. Dans la France du XVIIIe siècle, on donne des banquets où sont présentés les plats alors à la mode comme des poulardes aux huîtres, des tourtes de pigeons garnies de truffes et de champignons ou des pâtés chauds de bécasses. À la Révolution, ces fastes culinaires suscitent néanmoins des critiques. Les caricatures de Louis XVI le présentent ainsi comme un affameur du peuple contraint de lui fournir les nourritures les plus précieuses (vins de Bordeaux, champagne, pâtés de canards d'Amiens, etc.).

3) Un diner royal

a. Le repas s'est tenu au château de Versailles.

b. Au menu, les convives ont dégusté du tourteau et du homard bleu, suivis d'une volaille de Bresse marinée au champagne et accompagnée d'un gratin de cèpes. Le repas s'est achevé sur une version revisitée de l'Ispahan, un dessert à base de fraises, litchis et framboises. Le plateau de fromages était, quant à lui, composé d'un pélardon des Cévennes, d'un comté de grande garde et d'un Stilton, un fromage anglais au lait cru. Dans leurs verres, les invités se sont vu proposer une sélection de trois vins, d'après *Le Figaro* : un château-mouton-rothschild 2004 en double magnum, un bâtard-montrachet grand cru 2018 et un champagne de la maison Pol Roger cuvée Winston Churchill 2013 en magnum.

CHAPITRE 4
Les rituels du repas

Enrichir sa culture générale

1. Quelle place prend-on à table ?

Tous les cas de figure sont envisageables en matière de places à table :
– Celles-ci peuvent être figées dans certaines familles, chacun des membres ayant sa place dévolue qu'aucun autre membre ne saurait convoiter.
– Il peut arriver aussi que les places soient occupées par automatisme : personne ne prêtant réellement attention au sujet, ce sont alors les habitudes qui gouvernent le placement de chacun à la table.
– Les places à table peuvent être aussi aléatoires et désordonnées, les positionnements se font (et se défont) alors dans l'improvisation, avec souplesse et sans organisation préalable.
– Les places à table peuvent enfin être stratégiquement réfléchies pour se trouver à proximité (ou au contraire le plus loin possible !) de la cuisine ou pour privilégier un poste d'observateur et ne rien rater de ce qu'il se passe autour, par exemple.

2. Les arts de la table

Dans l'extrait de *La Curée*, ce sont les plats et les assiettes en porcelaine qui sont décrits (« corbeilles de porcelaine, des vases de cristal, des assiettes plates, des compotiers montés ») ainsi que les verres et les carafes en cristal (« l'armée des verres, les carafes d'eau et de vin, les petites salières, tout le cristal du service était mince et léger »).
Dans celui du *Capitaine Fracasse,* ce sont les couverts (l'argenterie) qui sont mis en valeur (« Une riche argenterie aux armes de Sigognac étincelait [...]. Les quelques pièces de l'ancien service qui n'étaient pas tout à fait hors d'usage avaient été religieusement conservées et mêlées aux pièces modernes pour que ce luxe n'eût pas l'air trop récent »).

CHAPITRE 5
Qu'est-ce qui se joue pendant le repas ?

Enrichir sa culture générale

1. Le repas au cinéma : émission *Blow up*

a. Ces repas sont des scènes de séduction.

b. Les films où la violence se cristallise au moment des repas : *Deux jours à tuer, Les Incorruptibles, C'est arrivé près de chez vous, Alien, Hannibal, Massacre à la tronçonneuse, Salò.*

2. Le repas au cinéma : *La Ruée vers l'or* (1925) de Charlie Chaplin

Dans cette scène, Charlot utilise deux fourchettes et deux petits pains. Seules ses mains et sa tête bougent, les fourchettes-jambes et sa tête évoquent un danseur ou une danseuse. Il s'agit d'une véritable chorégraphie, et la lumière et le plan rapproché renforcent l'effet.

3. Le repas de famille : entretien avec Annie Ernaux dans *Repas de famille. Entretien avec Annie Ernaux* (2016)

a. Ces repas de famille qui ont lieu le dimanche sont des moments de fête car on y mange, on y chante et on y parle.

b. C'est au cours de ces repas de famille que se transmettent l'histoire des parents et celle des grands-parents. Pour Annie Ernaux, c'est « un lieu de transmission de la mémoire historique, de la mémoire familiale ».

4. Le repas de famille : la mise en scène du repas familial dans les spots publicitaires

C'est la mère de famille qui parle en secouant la bouteille. Les autres membres de la famille, placés autour de la table, sont très attentifs et l'écoutent. Personne n'interrompt celle qui parle et chacun suit la bouteille des yeux car ils pensent que la bouteille contient une boisson gazeuse et s'inquiètent de l'effet produit quand elle sera ouverte.

Enrichir son lexique

Dans le sujet d'essai suivant, précisez quels sont les sens dénoté et connoté du groupe nominal « restauration rapide ».

Sujet :
Peut-on être à la fois gourmet et apprécier la restauration rapide ?

Le sens dénoté	Le sens connoté
« Restauration rapide » signifie le fait de manger sur le pouce.	L'expression renvoie également aux fast-foods, aux snacks et aux boissons. Elle évoque, connote les dangers sur la santé provoqués par cette alimentation (obésité, cancer, diabète...).

CHAPITRE 6
L'évolution de l'alimentation et des repas

Enrichir sa culture générale

1. Cuisiner autrement

Le *batch-cooking* permet d'anticiper et d'organiser les repas en avance. Ainsi, le week-end, on passe une ou deux heures à éplucher, couper, préparer, cuire des ingrédients divers… afin d'entreposer le tout dans des boîtes au réfrigérateur. Les soirs de la semaine, on assemble, en variant les combinaisons et les possibilités, pour manger des plats faits maison à la préparation très rapide.

2. Comment réduire son empreinte écologique dans l'alimentation ?

Pour réduire son empreinte écologique dans l'alimentation, on peut :
- varier son alimentation : manger des céréales complètes, des légumes secs, des légumes frais, des fruits ;
- consommer moins de viande et moins de poisson ;
- acheter des quantités justes
- et lutter contre le gaspillage.

3. *Super Size Me*

Se nourrir exclusivement chez McDonald's pendant un mois a fait prendre au réalisateur 11 kilos et a entraîné une dépendance à la nourriture grasse, salée et sucrée. Par ailleurs, alors qu'il était euphorique juste après avoir mangé, il tombait, une heure après le repas, dans un état dépressif.

Enrichir son lexique

Que mange-t-on, que boit-on dans ces lieux de restauration ?
Reliez le mot à la définition correcte :
Un restaurant : établissement public où l'on sert des repas moyennant paiement.
Une brasserie : débit populaire de boissons, notamment de bière, où l'on peut en outre manger des plats froids ou chauds (à l'origine, le mot désignait un établissement où l'on fabrique la bière).
- Un bouillon : restaurant très modeste ; à l'origine, le mot désignait un établissement où l'on consomme, où l'on vendait spécialement du bouillon.
- Un bistrot : petit café, petit restaurant modeste.
- Une auberge : lieu où l'on peut se restaurer et/ou dormir.
- Un estaminet : salle de café où l'on peut fumer et boire.
- Une taverne : cabaret, lieu où l'on donne à boire.
- Une gargote : restaurant peu cher (terme vieilli).
- Une cantine : service subventionné chargé de préparer et de distribuer les repas dans une collectivité ; les locaux qui l'abritent. À l'origine, le terme désignait un endroit où l'on vend des boissons, de la nourriture, de menus objets aux membres d'une collec-

tivité (en prison, le verbe « cantiner » signifie acheter de quoi améliorer l'ordinaire).
• Une rôtisserie : restaurant spécialisé où l'on prépare les viandes rôties dans la salle de restauration.
• Un fast-food : restauration rapide et standardisée de plats à manger sur place ou à emporter.
• Un kebab : plat oriental composé de brochettes de viande, généralement de mouton, rôties à feu vif et fortement épicées.

CHAPITRE 7
Les plaisirs du repas et de l'alimentation

Enrichir sa culture générale

1. Manger hors de chez soi

a. En France, cela fait très longtemps que l'on a l'habitude de manger hors de chez soi : Faux

b. Le premier restaurant ouvre à Paris en 1945, juste après la Seconde Guerre mondiale : Faux
Le premier restaurant ouvre à Paris en 1765.

c. Ce premier restaurant offre un choix de mets sur un menu : Vrai

d. Jusque-là, seuls les riches mangeaient à l'extérieur de chez eux : Faux
Les voyageurs mangeaient dans des auberges ou des tavernes.

e. Entre le XVIIe et le XVIIIe siècle, les seuls endroits où la nourriture est excellente, c'est à Versailles, à la cour du roi et chez certains aristocrates : Vrai

f. Entre le XVIIe et le XVIIIe siècle, bien manger est une préoccupation qui concerne tous les Français : Faux
Bien manger est une préoccupation de personnes riches, les autres cherchent à manger.

2. Le plaisir de manger

Ce plaisir a évolué et ne consiste pas, comme on pourrait le penser, à manger des « aliments interdits » ou sucrés, gras et salés en réaction à une certaine doxa du bien manger… Ce n'est le cas que pour une petite minorité. **Pour 70 % des Français, manger sain et bon grâce à une alimentation variée** est aujourd'hui une préoccupation majeure et 42 % essaient de le faire plus souvent.

3. Faim et envie de manger

La faim et l'envie de manger sont deux choses différentes. La gourmandise, le stress, la joie ou la tristesse… de nombreuses situations ou émotions peuvent donner envie de manger sans que la faim se fasse réellement sentir.

Enrichir son lexique

1. Trouvez le sens des expressions suivantes :

- faire bonne chère : faire un bon repas.
- se taper la cloche : faire un bon repas (argot).
- un repas pantagruélique : un repas où il y a beaucoup à manger.

2. Cherchez l'origine du mot « restaurant ».

Jusqu'au XVIIe siècle, le « restaurant », aussi appelé « bouillon restaurateur », désigne un plat composé principalement de viande, d'oignons, d'herbes et de légumes. Il s'agissait d'un bouillon aux vertus médicinales et digestives, dont le but initial était de redonner des forces aux personnes faibles, de les « restaurer ». **Le terme « restaurant » a donc initialement une connotation médicale.**

3. Cherchez les différents sens (sens propre et sens figuré) du mot « goût ».

Dès le XIIIe siècle, le mot *gustus* est synonyme de « penchant », « envie », « appétit » pour une chose. Il relève donc très tôt de la **sphère gustative**. Petit à petit il va prendre son sens figuré : faculté de distinguer ce qui est beau, ce qui est considéré comme tel. Une personne de bon goût est celle qui a su faire les bons choix. Au XVIIIe siècle, ce sens est admis et le **bon goût** devient le dogme d'un idéal aristocratique et révèle le degré d'éducation d'une personne.

CHAPITRE 8
Le repas à venir : vers une cuisine éthique plus responsable

Enrichir sa culture générale

1. **Quels effets nos comportements alimentaires ont-ils sur nous et sur le planète ?**
   Nos comportements alimentaires tels que **les quantités consommées, la composition du régime alimentaire avec plus ou moins de produits animaux ou de produits transformés, le choix des aliments en fonction de leur mode de production ou encore les pratiques d'approvisionnement, de cuisine ou de gestion des déchets ont une influence** sur la santé, l'environnement et l'équité sociale.
2. ***La gastronomie est-elle une marchandise comme une autre* de Julia Csergo**
   Le terme « gastronomie » pose problème car quand on prononce ce mot, on oublie de nombreux aspects qui lui sont liés. Ainsi, on ne pense pas au savoir-faire paysan, à la protection des ressources, à l'engagement, à la convivialité.

Enrichir son lexique

J'affirme qu'il est temps, aujourd'hui, de tous se mettre au régime végétarien. En effet, la souffrance animale a atteint son comble avec les élevages intensifs. Je veux bien admettre que certains élevages sont plus attentifs aux conditions de vie animale, mais l'abattage reste une vraie torture. Je m'interroge sur les raisons qui font que les Français sont si attachés à la viande et ses dérivés. Peut-être est-ce l'engouement pour le hamburger sous toutes ses formes ? Il existe pourtant des hamburgers végétariens et même végétaliens. La situation a suffisamment duré, et j'appelle les lecteurs et les lectrices de cette tribune à agir en arrêtant de manger de la viande !

Notes

Notes

Ce livre est imprimé sur du papier issu de forêts gérées durablement.

N° édition : 10299986 - Dépôt légal : août 2024
Imprimé en France en août 2024 par la Nouvelle Imprimerie Laballery - N° 406379

La Nouvelle Imprimerie Laballery est titulaire de la marque Imprim'Vert®